THÉORIE

DE

LA PROCÉDURE

CIVILE.

Cet Ouvrage se trouve aussi :

A Paris, chez JOUBERT, rue des Grès, 14.

A Bordeaux, chez { THEYCHENEY.
GRANET.

Strasbourg, { DESRIVEAUX.
LAGIER.

Marseille, MOSSY.

Dijon, { LAGIER.
DECAILLY.
BENOIST.

Toulouse, MARTEGOUTTE.

Rennes, { MOLLIEX.
DUCHÊNE.

Aix, AUBIN.

Nantes, FOREST.

Rouen, EDET.

Grenoble, PRUD'HOMME.

Le Mans, BELON.

Besançon, BINTOT.

Caen, { CLERISSE.
HUET CABOURG.

Poitiers, { BOURCES.
FRADET.

Colmar, REIFFENGER.

Lille. LELEU.

Bruxelles, BERTHOT.

Angers, LESOURD.

Orléans, GARNIER.

POITIERS. — IMPRIMERIE DE P.-A. SAURIN.

THÉORIE

DE

LA PROCÉDURE

CIVILE,

PRÉCÉDÉE D'UNE INTRODUCTION;

Par M. Boucenne,

AVOCAT A LA COUR ROYALE

ET DOYEN DE LA FACULTÉ DE DROIT DE POITIERS.

Tome Troisième.

DEUXIÈME PARTIE.

Paris,

LIBRAIRIE DE VIDECOQ,

PLACE DU PANTHÉON, 6.

POITIERS,

SAURIN FRÈRES, IMPRIMEURS.

1837.

CHAPITRE XIV.

DES EXCEPTIONS DILATOIRES.

L'ajournement a résisté aux épreuves des Art.
exceptions d'incompétence et de nullité : mais
il se peut faire que l'on ne touche pas encore
au moment où la cause doit être débattue.

C'est un héritier que vous avez traduit en
justice, afin qu'il fût condamné à payer une
dette de son auteur : il lui importe fort, avant
de s'expliquer sur votre action, de connaître
les forces de la succession, et de pouvoir, à
bon escient, calculer les chances d'une acceptation ou d'une renonciation.

C'est une veuve, une femme séparée de
biens, qui n'a pas un moindre intérêt à
constater la valeur de la communauté dont
on veut lui imposer les charges, et à demander trève et sûreté, pour qu'il lui soit

Arт. loisible d'aviser prudemment au choix de la qualité qu'elle devra prendre.

C'est toute autre personne ajournée, qui prétend avoir droit d'exercer une garantie, et qui réclame le temps de faire venir son garant, pour rejeter sur lui les soins et les périls de la défense. La mise en cause exigera que le demandeur originaire attende et ne poursuive pas, jusqu'au jour où le garant, attiré par la juridiction de l'action principale, y devra comparaître et répondre. Cette perte de temps sera rachetée par un double avantage : le premier, de fondre deux procès dans la même instruction et dans le même jugement; le second, d'ôter tout prétexte de dire que celui qui recourt en garantie a commencé par se défendre seul, et s'est mal défendu.

Les délais que peuvent réclamer l'héritier, la veuve, ou la femme séparée de biens, s'appellent *délais pour faire inventaire et délibérer;* ceux de la demande en garantie, s'appellent *délais pour appeler garant.* Ils forment autant d'*exceptions dilatoires.* Le Code n'en donne pas d'autres exemples. Cependant il est permis de regarder encore comme une *exception dilatoire,* le privilége de la caution

qui , sur les premières poursuites dirigées ART.
contre elle par le créancier, exige que celui-
ci discute préalablement, c'est-à-dire qu'il
fasse vendre les biens du débiteur principal,
afin de savoir si le prix ne suffira point à l'acquittement de la dette (1). Il en est qui attri-
buent le même caractère au *bénéfice de divi-
sion* : je crois que c'est à tort. Lorsque l'une
des cautions obligées à toute la dette d'un
même débiteur, demande que le créancier
divise son action entre elles, ce n'est point un
simple délai, une surséance qu'elle veut obtenir; c'est une défense, un moyen actuelle-
ment décisif qu'elle emploie, pour ne pas être
tenue au-delà de sa part (2).

Nos idées touchant les *exceptions* étaient
fort confusément arrêtées autrefois. On affec-
tait la prétention de les rattacher au droit
romain, où l'on ne trouvait guères que leur
nom, parce que nos mœurs judiciaires n'a-
vaient rien qui ressemblât aux procédures et
aux jugemens de l'ancienne Rome. De cette
inconsistante hétérogénéité sortirent des ca-

(1) Code civil, art. 2022, 2023 et 2024.
(2) Code civil, art. 2025, 2026 et 2027.

pricieuses définitions, des distinctions arbitraires, et même, suivant quelques-uns, des *exceptions anomales* (1).

Vainement les rédacteurs du Code se sont appliqués à tracer une ligne très-marquée entre les défenses ou les fins de non-recevoir qui détruisent l'action, et les exceptions ou les fins de non-procéder qui tendent seulement, soit à l'écarter, soit à la suspendre. Vainement on a gradué, selon leur nature et leur but, l'ordre dans lequel elles doivent être proposées. Les vieilles allures de la pratique ont fait résistance; elles ont bouleversé un terrain tout neuf, pour y chercher des racines séculaires; et beaucoup de livres n'admettent encore , en l'honneur du droit romain, que deux genres d'exceptions, à savoir : les exceptions *dilatoires* et les exceptions *péremptoires;* puis chacun les subdivise à son gré.

Si vous suivez cette doctrine, vous verrez les exceptions *dilatoires* embrasser indistinctement tout ce qui peut renvoyer une affaire, ou retarder sa marche. A ce compte, l'exception

_____

(1) Bornier, sur l'art. 1 du titre 9 de l'ordonnance de 1667.

de la caution *judicatum solvi*, l'exception *dé-clinatoire* elle-même, tous les incidens qui jettent quelques ambages dans les poursuites d'un procès, viendront se ranger parmi les exceptions *dilatoires*. C'est bien, en effet, la franche expression du système que je signale (1).

Ce système est une erreur. Il n'y a d'exceptions *dilatoires* que celles dont l'intention directe et avouée est de solliciter légalement un délai. Alors l'instance reste au tribunal où elle est pendante; mais, avant qu'elle prenne son cours, on pourvoit à ce que la position du défendeur et la qualité dans laquelle il procédera soient fixées; il faut lui donner assez de jours pour qu'il puisse répondre, sans compromettre les sûretés que la loi lui permet de requérir. Vraiment, celui qui demande caution à l'étranger, celui qui propose et fait admettre une incompétence, gagne toujours du temps; tous les incidens, et, si l'on veut, toutes les chicanes qui ralentissent ou déplacent l'exercice d'une action, fournissent aussi quelque répit; c'est le résultat nécessaire de la force

(1) Voyez notamment M. Berriat-Saint-Prix, t. 1, p. 223 et suiv.

des choses, mais ce n'est pas le but direct et avoué de la conduite du plaideur. Je ne doute point qu'il n'y ait des gens qui se prennent à un déclinatoire, dans l'unique vue d'ajourner autant que possible une condamnation imminente ; toutefois ils ne disent pas tout haut, comme celui qui présente une exception dilatoire , qu'ils ne veulent obtenir qu'un délai.

Quant aux exceptions péremptoires importées des Institutes et du Digeste , j'ai déjà eu occasion de faire remarquer que le Code de procédure n'avait point de place pour elles (1). « Il ne peut en être question ici , disait M. Faure dans son rapport sur le titre des Exceptions ; elles appartiennent au Code civil : ce sont celles qui tendent à détruire ou éteindre l'action du demandeur, comme la prescription , la compensation, ou le paiement (2). » On ne l'entendait pas autrement à Rome : *Perpetuæ et peremptoriæ sunt quæ semper agentibus obstant*, *et*

(1) Voyez mon premier volume, chap. 5 , p. 81 et suiv.

(2) Législation civile, etc. , de M .Locré, tom. 21 , p. 585.

semper rem de quâ agitur perimunt : qualis est exceptio doli mali, et quod metûs causâ factum est, et pacti conventi, cùm ita convenerit, ne omninò pecunia peteretur (1).

A ces caractères vous reconnaissez *les défenses* dont parle le Code de procédure, et que l'on peut faire surgir en tout état de cause : *peremptorias exceptiones omissas in initio, antequam sententia feratur, opponi posse perpetuum edictum declarat* (2) ; tandis que nos véritables exceptions doivent se présenter dès l'abord du procès, et suivant l'ordre indiqué par leur nature et par la loi.

Cependant nos commentateurs tiennent infiniment à cette qualification *d'exception péremptoire*. Pour faciliter son intrusion, ils ont imaginé de la dédoubler et d'en faire deux

(1) *Instit., lib.* 4, *tit.* 13.

(2) *L.* 2, *Cod. sententiam rescindi non posse*. Dans les premiers temps il fallait une autorisation spéciale du prêteur pour proposer des exceptions, *in judiciis stricti juris*. Cela se rattachait au système des formules qui disparurent dans le Bas-Empire. Les exceptions devinrent alors toujours proposables de plein droit contre toutes espèces d'actions. Voyez mon premier volume, chap. 5, p. 88 et 89.

Art. espèces. A l'une appartiennent les exceptions *péremptoires du fond* : il est convenu que c'est toujours la même chose que nos *défenses* ou *fins de non-recevoir*. L'autre comprend ce que M. Berriat-Saint-Prix appelle exceptions *péremptoires de forme* (1) ; ce que M. Carré appelle exceptions *péremptoires de l'instance* (2), ce que M. Pigeau appelle exceptions *péremptoires relatives à l'exercice de l'action* (3). Tout quoi représente identiquement ce que le Code de procédure appelle l'exception de *nullité d'exploit ou d'acte de procédure*. Il serait assez difficile de dire le profit que ce changement de texte peut apporter à la science.

Mais on me demandera, en vue de justifier les termes substitués, s'il n'est pas vrai que le défaut de certaines formalités prescrites pour la contexture d'un exploit, fait périr l'instance ?

Je répondrai d'abord que, par le même motif, on aurait dû donner le même nom à l'exception d'incompétence l'agréger à la

_____

(1) T. 1, p. 219.

(2) Lois de procéd. , t. 1, p. 425.

(3) Comment, t. 1, p. 418.

catégorie des *péremptoires*, au lieu de l'appeler *déclinatoire* et de la classer parmi les *dilatoires*, comme font quelques-uns. En effet,
l'instance périt tout aussi complètement par
l'incompétence du juge que par la nullité de
l'exploit (1). Dans l'un et dans l'autre cas,
un nouvel exploit est indispensable pour in-
troduire une nouvelle instance. Sous ce premier rapport, l'argument ne prouve et ne
justifie rien.

Ne me serait-il pas permis d'ajouter que les
exceptions de nullité, lorsqu'il s'agit d'un
acte de procédure, ne font pas toujours
périr l'instance ? Une signification, une
sommation peuvent avoir une médiocre importance, et perdre leurs effets, sans que
l'exercice de l'action en reçoive une atteinte
fatale : *Utile per inutile non vitiatur*. Par

(1) Il y a pourtant cette différence, que l'assignation
donnée devant un juge incompétent interrompt la
prescription, et que l'assignation nulle ne l'interrompt
pas. Cela tient aux principes particuliers touchant la
prescription. Le défendeur qui est assigné devant un
autre juge que le sien, n'en reçoit pas moins l'assignation, et ne peut plus ignorer ce qu'on lui demande ; mais
celui qui reçoit une assignation nulle est censé n'avoir
rien reçu, et n'avoir été mis en aucune demeure.

ART. exemple : la déposition d'un témoin est nulle parce qu'il n'a pas déclaré son âge, sa demeure, ou parce qu'il n'a pas fait le serment de dire la vérité ; toutefois le reste de l'enquête subsiste, et la preuve qu'elle contient peut n'être pas moins complète. Ce sera comme la déposition de celui contre lequel un reproche a été admis, elle ne sera pas lue. Quelqu'un s'est-il jamais avisé de prétendre que la proposition d'un reproche était une exception péremptoire ? Il y a plus : une déposition déclarée nulle peut être recommencée dans le cours de la même instance, si la nullité provient de la faute du juge enquêteur. Il n'y a rien de périmé.

Enfin, on se prévaut des termes de l'article 5 du titre 5 de l'ordonnance de 1667, pour imposer ce nom *d'exception péremptoires*, soit aux nullités d'exploit qui se peuvent couvrir, soit aux fins de non-recevoir qui ne se couvrent point.

L'objection aurait quelque gravité, si l'ordonnance n'était pas formellement abrogée. Il m'a fallu dire assez souvent que les exceptions avaient pris, sous le Code, un aspect tout nouveau, qu'elles y étaient mieux définies et mieux échelonnées, pour que je doive me dispenser de le répéter encore.

Ce n'est pas qu'il n'y ait aujourd'hui, comme au temps de l'ordonnance, certains moyens qui, se détachant du fond de l'affaire, viennent de prime-saut résumer la défense dans un seul mot, et frapper l'action *d'irrecevabilité*, sans qu'il soit besoin d'en rechercher la justice ou l'équité. Par exemple : quand il s'agit de prescription, de défaut d'intérêt ou de qualité, de l'autorité de la chose jugée, etc.; telles *fins de non-recevoir* seront opposées sur le seuil du procès, si l'on veut procéder logiquement, et couper court à des débats qu'elles rendent oiseux. Cependant il sera permis encore d'y recourir en tout état de cause, car il est toujours temps de prétendre qu'on est libéré par l'accomplissement d'un fait, ou par une disposition de la loi.

Remarquez bien encore cette différence : les fins de non-recevoir libèrent, et les *exceptions* ne libèrent pas.

L'ordonnance a constamment été appliquée dans ce sens. Comme le disait Rodier : « Elle entendait moins astreindre les parties à proposer d'abord leurs fins de non-recevoir, que les juges à y faire droit, par préalable, lorsqu'elles étaient propo-

Art. sées (1). » Car c'est le devoir d'un bon juge d'ôter au buisson le plus d'épines que faire se peut, de réduire un procès à ses véritables expédiens, et de ne pas laisser indifféremment se perdre le temps et l'argent des plaideurs en des preuves et des discussions inutiles.

Le Code de procédure ne donne point de règles à cet égard; il décrit les phases diverses que peut présenter l'instruction d'une affaire, laissant aux magistrats le soin de donner la priorité à telle question, selon sa nature et son influence préjudicielles.

J'ai cru devoir placer ici les observations qui précèdent sur le démenti que donnent au Code de procédure ce rappel des *exceptions péremptoires*, et cette autre vision qui fait de *l'exception dilatoire* le principe générateur du reste des exceptions. Il ne faut pas étouffer les progrès de la législation dans un réseau de vieux souvenirs. Démolir ce n'est pas commenter.

Je reviens aux détails de ce chapitre.

J'ai déjà parlé des *délais pour faire inventaire et délibérer.*

(1). Pag. 76.

Si l'on ne consultait que le droit naturel, Art.
il semblerait juste que l'héritier ne fût tenu
de payer les dettes de la succession à laquelle
il est appelé, que jusqu'à concurrence de
l'émolument qu'il en retire. Mais ce serait
une trop large porte ouverte à la fraude, et
les audiences des tribunaux ne pourraient
suffire aux procès qui s'élèveraient chaque
jour sur la consistance et la valeur des successions.

La fameuse loi *Scimus*, au Code *de Jure de-
liberandi*, contient l'analyse historique des
dispositions que le droit civil inventa et per-
fectionna pour protéger les intérêts des héritiers, et pour garantir les droits des créanciers. Une ancienne constitution de l'empe-
reur Gordien avait dispensé les militaires de
toutes les précautions établies par la loi
générale, contre les dangers d'une téméraire
adition d'hérédité ; leurs biens personnels ne
pouvaient jamais s'y confondre. *Arma etenim
magis quàm leges milites scire sacratissimus
legislator existimaverat.* Justinien confirma
ce privilége, et permit aux autres citoyens
de réclamer un temps plus ou moins long,
pendant lequel ils pourraient vérifier l'état
d'une succession qui leur serait dévolue,

délibérer sur les résultats et demeurer à l'abri des poursuites qui les viendraient harceler.

Il y avait bien long-temps que les principes de la loi *Scimus*, moins la faveur accordée aux gens de guerre, étaient naturalisés en France, dans les pays de coutume, comme dans ceux de droit écrit, lorsqu'ils ont été consacrés par nos Codes.

L'héritier a trois mois pour faire inventaire, c'est-à-dire pour rechercher et faire constater solennellement la valeur du mobilier, les dettes actives et passives, pour examiner les titres, les papiers, et connaître les immeubles de la succession. Il a de plus un délai **174.** de quarante jours, afin d'aviser au parti qu'il devra choisir.

Le délai pour faire inventaire court à compter du jour où la succession s'est ouverte; celui pour délibérer commence à l'ex-**174.** piration du premier, et même à la clôture de l'inventaire, s'il a été parachevé avant les trois mois.

Dans cet intervalle, aucune *condamnation* ne peut être obtenue contre l'hériter; autrement on lui attribuerait une qualité encore incertaine. Toutefois il n'est pas interdit aux

créanciers de faire les actes qu'exige la conservation de leurs droits, car le cours de la
prescription n'est pas suspendu.

De même, celui qui est *habile à succéder*,
comme dit la loi (1), qui ne fait que des actes
conservatoires, de surveillance et d'administration provisoire, en même temps qu'il procède à l'inventaire, n'accepte point l'hérédité,
et ne se rend point héritier, pourvu qu'il
n'en prenne pas le titre ou la qualité (2).

Il est possible que des circonstances extraordinaires et l'éloignement des lieux où sont
situés les biens, rendent insuffisant le délai
de trois mois et quarante jours; alors on demande une prorogation que le tribunal oc-
troie ou refuse, suivant qu'il le trouve juste
et convenable.

Enfin, après l'expiration du temps accordé
par les Codes, ou prorogé par les juges, il y a
encore faculté d'accepter sous bénéfice d'inventaire, si l'on ne s'est pas porté héritier
pur et simple, ou si l'on n'a pas été déclaré
tel par un jugement inattaquable. Cela mérite

----

(1) La loi dit aussi *l'héritier* dans les mêmes articles
et pour les mêmes cas. Cod. civ., art. 796.

(2) *Ibid.*, art. 779.

ART. une plus ample explication; j'y reviendrai
dans un instant.

Évidemment, l'héritier qui néglige toutes
ces facilités que la loi lui ménage pour dissiper les doutes qu'il peut avoir, et qui s'expose
aveuglément aux périls d'une simple acceptation, ou aux regrets d'une renonciation, ne
doit accuser que l'excès de son imprudence.

Autrefois on ne donnait à la veuve aucun
délai pour délibérer sur l'acceptation de la
communauté qui avait existé entre elle et
son mari. On disait que cette communauté
étant une véritable société, la femme, comme
le mari, devait en supporter les pertes, puisqu'elle participait aux bénéfices; et l'on ajou-
tait que c'était une position fort différente
de celle d'un héritier, lequel n'a d'ordinaire
aucune connaissance des forces et des charges
de la succession qui lui échoit, tandis qu'une
veuve, ayant vécu avec son mari, a pu acquérir des notions exactes touchant l'état de la
communauté.

On ne pouvait ni plus mal comparer, ni
plus mal raisonner.

La communauté entre conjoints n'est qu'une
sorte de société irrégulière, qui s'écarte en

plusieurs points de la société proprement A<small>RT</small>.
dite.

La femme, durant la communauté, n'est propriétaire d'aucune portion des choses communes; elle n'a que la perspective d'y prendre une part, quand son union sera brisée. Ces choses sont toutes réputées appartenir au mari, qui peut en disposer seul, comme seigneur et maître. La femme n'a pas la faculté de se retirer de la communauté; il faut qu'elle y reste attachée jusqu'à ce que la mort vienne dissoudre le mariage, à moins qu'il ne survienne des causes assez puissantes pour lui faire obtenir une séparation de biens, ou une séparation de corps qui entraîne toujours celle de biens.

Il n'est pas généralement vrai qu'il soit permis à une femme de pénétrer le mystère dont un mauvais administrateur s'enveloppe, et qu'elle puisse savoir le nombre et le montant des dettes que son mari contracte.

Au temps des Croisades, les barons empruntèrent de grandes sommes pour leurs expéditions et pour leur séjour en Orient. Ce fut alors que s'introduisit le droit de renonciation à la communauté: les femmes nobles, veuves de ceux qui mouraient au voyage

Art. d'outre-mer, eurent seules, d'abord, le privilége de l'exercer ; il fut étendu depuis aux femmes roturières (1). On en fit l'art. 237 de la nouvelle coutume de Paris : « Il est loisible à toute femme noble, ou non noble, de renoncer, si bon lui semble, après le trépas de son mari, à la communauté de biens d'entre elle et son dit mari, la chose étant entière, et, en ce faisant, demeurer quitte des dettes mobilières dues par sondit mari, au jour de son trépas, en faisant bon et loyal inventaire. »

Les premiers âges des législations se reconnaissent toujours à leur goût pour les symboles et représentations. La chronique de Monstrelet nous apprend que Marguerite, veuve de Philippe, duc de Bourgogne, vint mettre sa ceinture avec sa bourse et ses clefs, sur la fosse du défunt, *en démonstrance* de sa renonciation à la communauté, ainsi qu'il était d'usage, et qu'elle en requit acte d'un notaire qui était là présent. Plusieurs coutumes prescrivaient expressément cette formalité ; mais il y a longtemps qu'elle ne s'observait plus.

Ce qu'on appelait alors une grâce, n'était

---

(1) Loisel, Inst. cout., titre du Mariage, n°s 10 et 11.

encore qu'une justice incomplète, car on
plaçait la veuve dans une fort étroite alterna-
tive ; elle n'avait guère de temps pour délibérer, quand la renonciation se devait faire
sur la fosse du mari.

De cette condition préalable d'un bon et loyal
inventaire, que la coutume de Paris vint attacher à l'exercice du droit de renoncer, dut
naître la nécessité d'un délai ; et la jurisprudence des divers pays s'accorda pour y ajouter
plus ou moins de jours, qui servirent à calculer la chance de l'un des partis qu'il fallait
prendre.

Les choses étaient dans cet état, lorsqu'on
se mit à discuter les articles proposés pour la
composition de l'ordonnance de 1667. Le projet ne faisait aucune mention des veuves, en
ce qui était relatif aux délais pour délibérer.
M. Pussort n'estimait pas qu'il fût bon de leur
en donner, à moins qu'il n'y eût lieu, selon
les circonstances, à leur accorder quelque
briève remise après l'inventaire. M. de Lamoignon fit observer que la faculté de renoncer à la communauté serait une vraie dérision,
si une femme n'avait pas le temps d'en examiner les charges et les forces ; et il obtint qu'on
insérât au Titre 7 un article spécial, portant

Art.

174.

que la veuve aurait, comme l'héritier, trois mois pour faire inventaire, et quarante jours pour délibérer.

Le Code civil dit qu'après la dissolution de la communauté, la femme a la faculté de l'accepter, ou d'y renoncer; et le Code de procédure ajoute que cette disposition s'applique à la femme séparée de biens assignée comme *commune*, tout aussi bien qu'à la veuve. Celle qui invoque le remède de la séparation contre l'imminence de la ruine vers laquelle tournent les déréglemens d'un mari, n'est pas obligée d'attendre que la communauté soit entièrement dissipée, pour conjurer les périls de sa dot (1). Il est possible qu'il lui soit encore moins dommageable de partager que de renoncer; par conséquent elle a besoin de délibérer.

Le bon et loyal inventaire que la nouvelle coutume de Paris avait imposé aux veuves, en retour de la faculté de renoncer, se retrouve exigé par l'article 1456 du Code civil. Mais cette faculté de renoncer n'est plus, comme au temps de la réformation, une

(1) Voyez le Répert. de M. Merlin, v° *Séparation de biens*, sect. 2, § 5.

gracieuse allégeance ; c'est une disposition A<small>RT.</small>
d'ordre public qui exclut toute convention
contraire au droit que la loi consacre, et dont
elle s'est réservé seulement de régler l'exercice (1).

L'inaction de la veuve qui ne fait pas inventaire dans les délais de la loi, forme contre
elle une présomption d'acceptation ; elle a
perdu le droit de renoncer. C'est que l'acceptation peut être tacite, et que la renonciation
ne peut être qu'expresse (2).

Il est cependant un cas où ce principe est
renversé. L'article 1463 du Code civil porte
que la femme *divorcée* ou *séparée de corps*,
est censée avoir renoncé, lorsqu'elle n'a pas
déclaré son acceptation dans les trois mois et
quarante jours, après la prononciation définitive du divorce ou de la séparation.

On a diversement essayé d'expliquer ce
contraste.

M. Toullier se contente de dire que c'est

(1) Code civil, art. 1453.
(2) La renonciation se fait au greffe du tribunal de
première instance dans l'arrondissement duquel le
mari avait son domicile ; elle est inscrite sur le registre
établi pour recevoir les renonciations à succession.

Art. une exception motivée, sans doute, sur les causes qui ont amené la dissolution de la communauté (1). M. Delvincourt, tout au contraire, plaçait dans l'article 1463 la règle générale, la vraie présomption de la loi, c'est-à-dire la présomption d'une renonciation ; et il faisait de toutes les autres dispositions relatives aux veuves, un groupe d'exceptions. C'était à peu près dans ce sens que Lebrun entendait la maxime : *N'est héritier qui ne veut* ; il enseignait que pour n'être point héritier, il suffisait de n'avoir pas accepté (2). Le système du Code civil est tout opposé; l'héritier présomptif est regardé comme héritier, tant qu'il n'a pas renoncé (3).

Je crois que la question se peut résoudre plus simplement par la différence des positions : la veuve restée en possession de la communauté n'a rien à déclarer, rien à demander, si elle veut accepter ; elle n'a besoin de prendre des précautions et de faire des manifestations, que pour conserver la faculté

(1) Tom. 13, p. 202.

(2) *Traité des Successions*, liv. 3, chap. 1, n° 37.

(3) Voyez le rapport de M. Chabot au Tribunat, sur le titre *des Successions*.

de renoncer. La présomption d'acceptation Art.
résulte donc naturellement de son silence.
Mais la femme qui a plaidé pour obtenir le
divorce ou la séparation de corps, est toujours
hors de la maison conjugale ; c'est le mari
qui possède les effets communs ; elle n'y peut
rien prétendre qu'en acceptant, et l'on pré-
sume qu'elle renonce, quand elle laisse ex-
pirer le délai sans dire qu'elle accepte.

On est d'accord que la femme qui n'est
que séparée de biens doit être également ré-
putée *renonçante*, à défaut d'acceptation,
quoique la loi n'en parle point.

Comme l'héritier qui n'a pu achever son
inventaire dans les trois mois, la veuve
obtient suivant les circonstances une prorogation de délai (1).

Comme celui qui a fait acte d'héritier, la
veuve qui a fait acte de commune est déchue
du droit de renoncer (2).

Comme l'héritier infidèle, la veuve qui a

---

(1) La prorogation est prononcée contradictoirement
avec les héritiers du mari, ou eux dûment appelés.
Art. 1458 du Code civil.

(2) Art. 1454 et 1455 du Code civil.

Art. détourné ou recélé quelques effets appartenant à la communauté, n'est plus admise à renoncer ; elle est tenue de toutes les dettes, même au-delà de son émolument, car il n'y a plus bon et loyal inventaire.

La veuve qui ne s'est point immiscée, *et qui a fait inventaire*, conserve encore la faculté de renoncer, après l'expiration des délais qui lui avaient été donnés pour délibérer. Mais elle s'expose à être poursuivie comme commune, tant qu'elle n'a pas renoncé, et à payer les frais qu'elle a laissé faire contre elle, avant de manifester son intention. Veut-elle accepter ? Grâces à son inventaire qui sert de garantie à tous les intéressés, elle ne sera tenue des dettes que jusqu'à concurrence de son émolument, à la charge de rendre compte, tant de ce qu'elle a fait décrire et constater, que de la part qui lui en reviendra (1).

La femme qui a vu sa communauté se dissoudre, mais qui cesse de vivre avant l'entier accomplissement des conditions ci-dessus indiquées, transmet à ses héritiers ce qui lui reste de délai pour achever l'inventaire, pour délibérer, et pour assurer son option. Si c'est

(1) Art. 1483 du Code civil.

par sa mort que finit la communauté, ses Art.
droits et ses obligations passent directement
à ceux qui la représentent; ils lui sont assimilés en tout (1).

En ce qui concerne l'héritier, l'obligation
d'un inventaire préalable ne lui est pas aussi
étroitement imposée; il n'y a pas de terme
fatal qui le rende héritier pur et simple, si
lui-même ne s'est pas fait tel, ou si l'autorité
de la chose jugée ne lui en a pas imprimé la
qualité. Sauf cet accident irréparable, il est
toujours à temps de faire inventaire, et de se
déclarer héritier bénéficiaire.

Le bénéfice d'inventaire se définit par ses
effets : il confère à l'héritier le privilége de
n'être point obligé aux dettes de la succession
ultrà vires, d'en être même entièrement dé-
chargé, en abandonnant aux créanciers et aux
légataires tous les biens qui la composent, de
ne pas confondre avec ces biens sa fortune
personnelle, et de conserver contre la succession le droit de réclamer le paiement de ses
créances (2).

L'héritier bénéficiaire n'est pas moins un

(1) Code civil, art. 1461 et 1466.
(2) Art. 802 du Code civil.

ART. véritable héritier ; il est saisi des biens du défunt ; c'est contre lui que doivent être dirigées
les actions des créanciers et des légataires ;
c'est à lui qu'il appartient de former les demandes et de les soutenir.

Sous un autre rapport, c'est un administrateur ; il est obligé de rendre fidèle compte
du produit de tous les biens. Toutefois ses
pouvoirs sont plus étendus que ceux d'un administrateur ordinaire qui gère seulement le bien
d'autrui ; il administre *pro suo*, car il doit
profiter de ce qui restera après l'acquittement
des dettes et des charges.

Mais je ne dois point oublier que dans les
chapitres qui correspondront aux Titres 4 et 5
du Livre 2, partie 2 du Code de procédure,
j'aurai à m'occuper particulièrement de l'*Inventaire*, de ses formes, des contradicteurs qu'il
y faut appeler, des difficultés qui peuvent y
surgir, et à développer le système du *Bénéfice
d'inventaire* avec tout ce qu'il confère et tout
ce qu'il impose, avec toutes ses spécialités et
tous ses rapports.

Je bornerais donc ici mes explications mi-
parties de droit et de procédure, touchant
l'exception dilatoire *pour faire inventaire et
délibérer*, si je n'avais pas à parler encore

d'une question que l'on a transportée du Art.
Code civil au Code judiciaire, dans un état de
flagrante controverse.

Je suis obligé, pour énoncer cette question, de répéter que l'habile à succéder est
toujours à temps de faire inventaire et de se
déclarer héritier bénéficiaire, pourvu qu'il
n'ait point fait acte d'héritier pur et simple,
ou *qu'il n'existe point* DE *jugement passé en
force de chose jugée qui le condamne en cette
qualité* (1).

Faire acte d'héritier, c'est accepter une
succession, expressément ou tacitement. L'acceptation est expresse lorsqu'on prend le titre
et la qualité d'héritier dans un acte, soit authentique, soit privé; elle est tacite lorsqu'on
fait ce qui ne pouvait être fait que par un
héritier : *quod citra nomen et jus hæredis fa-
cere non poterat* (2).

« Qui prend des biens de la succession,
jusques à la valeur de cinq sous, disait Loisel
dans ses Institutes, fait acte d'héritier. »

(1) Ce sont les termes de l'art. 800 du Code civil,
reproduits par l'art. 174 du Code de procédure.
(2) *L.* 20, § 4, *ff. de adquir. vel omitt. hæred.*

Aʀᴛ. M. de Lamoignon a dit dans ses arrêtés : *Jusqu'à la valeur d'un écu.*

Toutefois il y a beaucoup de nuances à discerner dans l'intention des personnes, dans leur position, et dans la nature des choses, pour juger si tel acte suppose ou ne suppose pas nécessairement la volonté d'accepter : *Pro hærede autem gerere potiùs est animi quàm facti, nam hoc animo esse debet ut velit esse hæres.* La loi 20, *ff. de adquirendâ vel omittendâ hæreditate,* qui me fournit cette règle, contient un grand nombre d'exemples qui servent à leur application. Ainsi, le fils qui rend les derniers devoirs à son père, n'est pas réputé, par cela seul, faire un acte d'héritier : *Ut putà patrem sepelivit vel justa ei fecit, si pietatis causâ hoc fecit, non videtur pro hærede gessisse.* La coutume de Nivernais se distinguait par une disposition contraire : « Qui paie les dettes et frais funéraux du défunt, il est tenu et réputé héritier (1). » Dumoulin a dit, sur un article de cette coutume, *stulta consuetudo !* Comment n'a-t-il pas écrit en marge de celui-là, *impia consuetudo ?*

(1) Chap. 34, art. 26.

Les auteurs ont paraphrasé la loi romaine, A<small>RT</small>. et chacun a voulu y ajouter le tribut de son hypothèse particulière. D'Argentré s'est demandé si le successible qui chasse avec les chiens du défunt fait acte d'héritier, et il a répondu négativement, parce que c'est l'exercice d'un droit de familiarité : *Canes venaticos defuncti abduxisse, pro hærede gessisse non est, quià familiaritatis potiùs ista fiunt* (1).

En définitive, tous s'accordent à répéter aujourd'hui comme autrefois, que l'appréciation des faits et des circonstances, concernant l'adition d'hérédité, est abandonnée à la sagesse et à la prudence des magistrats.

On convient également que le successible qui a pris dans quelque acte, ou qui s'est donné par quelque fait, la qualité d'héritier, en demeure revêtu à l'égard de tous les intéressés, et qu'il ne peut plus prétendre au bénéfice d'inventaire.

Mais ce principe d'indivisibilité est-il applicable au cas d'un jugement qui a condamné l'héritier comme héritier pur et simple ? En d'autres termes : l'héritier ainsi condamné ne

_____

(1) *Ad art.* 514 *veter. consuet. Britan. glos.* 2, *n*° 3.

Art. doit-il être réputé héritier pur et simple qu'à l'égard du créancier qui a obtenu le jugement, ou bien sa qualité reste-t-elle généralement constatée, de telle sorte que ce jugement profite même à ceux qui n'y étaient pas parties ? Voilà la difficulté.

Les docteurs en donnaient autrefois des solutions diverses. Quand est venu le moment de faire le Code civil, il a fallu choisir entre les systèmes ; chacun tenait aux sympathies avec lesquelles il avait vieilli, et le choix, en définitive, a été peut-être trop timidement déclaré dans la loi nouvelle. Il fallait une expression assez haute pour dominer les dissidences, assez lumineuse pour les éclairer, assez puissante pour les faire cesser.

Le projet du Code civil, présenté par MM. Portalis, Tronchet, Bigot de Préameneu et Malleville, portait au chapitre *de l'Acceptation et de la Répudiation des successions*, un article conçu en ces termes :

« Celui contre lequel un créancier de la succession a obtenu jugement contradictoire, passé en force de chose jugée, qui le condamne comme héritier, est réputé avoir accepté la succession.

» Si le jugement passé en force de chose

jugée n'a été rendu que par défaut, la con- Art. damnation obtenue par un créancier seul ne profite point aux autres (1). »

Cette distinction était alors prudente et sage ; on n'avait pris encore aucun parti pour extirper les vieux abus dont était hérissée la matière des jugemens par défaut et des oppositions. C'est ce qui faisait dire à M. Emmery, dans la séance du Conseil d'état que je vais rapporter tout à l'heure : « Les jugemens par défaut sont souvent obtenus à l'insu de ceux qu'ils frappent. On objectera qu'ils sont susceptibles d'opposition : mais les *déboutés* d'opposition s'obtiennent d'une manière aussi cachée que les jugemens par défaut; et quand on considère que la négligence d'un avoué ou d'un domestique peut compromettre la fortune d'un citoyen, on est disposé à donner moins d'importance à ces sortes de condamnations. »

La section de législation (2) à laquelle le

(1) Cet article était le 87e du titre 1 du liv. 3. Il y avait dans le projet une série particulière de numéros pour chaque titre.

(2) Elle était composée de MM. Treilhard, Berlier, Réal, Faure et Albisson.

ART. projet avait été renvoyé, suivant la marche accoutumée, tourna l'article dans un sens tout contraire, et, le 9 nivôse an xi, elle proposa au Conseil assemblé la rédaction suivante :

« Celui contre lequel un créancier de la succession a obtenu un jugement, même contradictoire, passé en force de chose jugée, qui le condamne comme héritier, n'est réputé héritier, en vertu de ce jugement, qu'à l'égard seulement du créancier qui l'a obtenu. »

Les opinions se partagèrent. Beaucoup de nos livres contiennent des fragmens de la discussion qui fut engagée; toutefois je demande la permission de la reproduire ici, parce qu'elle a été fort diversement nuancée dans les résumés qu'on en a faits, et dans les conséquences qu'on en a déduites.

M. Treilhard, président de la section de législation, dut soutenir son ouvrage :

« En principe général, dit-il, les jugemens contradictoires, ou par défaut, ne profitent qu'à ceux qui les obtiennent. Il est d'ailleurs possible que le condamné ait été mal défendu, ou trahi par ses défenseurs, ou qu'on n'ait point allégué tous ses moyens. »

M. Defermon observa qu'il était également Art.
possible que le condamné s'avisât de traiter
avec sa partie adverse, de retirer ses pièces,
et de les supprimer.

M. Treilhard, qui venait de supposer qu'un
client *pouvait bien être trahi par ses défenseurs*, répondit qu'aucune loi ne saurait être
bonne, si l'on s'arrêtait à la possibilité des
prévarications.

Après quelques mots jetés par MM. Boulay
et Muraire contre ce système de cisaillement
qui vous fait héritier à l'égard de l'un, sans
que vous ayez cette qualité à l'égard d'un autre,
M. Malleville dit « que si le successible qui a
fait acte d'héritier est par cela seul réputé, à
l'égard de tous, avoir accepté la succession,
à plus forte raison doit-il en être ainsi de
celui dont la qualité a été jugée d'après une
plaidoirie contradictoire. Pour faire adopter une opinion contraire, on objecte qu'un
jugement n'a de force qu'à l'égard de celui
contre lequel il est rendu, et qu'il est étranger
à tous les autres ; mais on pourrait faire la
même observation vis-à-vis du successible qui
a payé volontairement un seul des créanciers
de la succession, ou qui revendique quelques
fonds de cette succession ; cependant, en ce

cas, on convient que le successible a fait irré-vocablement un acte d'héritier, et qu'il est tenu comme tel vis-à-vis de tout le monde. On invoque la règle *res inter alios acta;* mais pourquoi, dans la même matière, cette règle aurait-elle plus d'effet contre un jugement solennel qui déclare positivement que tel est l'héritier de tel ? »

M. Treilhard remarqua « qu'il y avait entre les deux cas cette différence, que, dans le premier, l'appelé a manifesté la volonté d'être héritier; que, dans le second, au contraire, il a désavoué cette qualité. »

M. Bigot de Préameneu insista sur ce qu'il serait bizarre d'obliger chaque créancier à faire juger de nouveau la qualité de l'héritier. A la vérité, les jugemens n'ont d'effet que pour le même fait, entre les mêmes personnes; mais ce n'est que lorsqu'il s'agit du règlement de droits particuliers. « S'agit-il d'une qualité universelle, le jugement qui la déclare profite, en toute occasion, à celui à qui elle est donnée, comme elle profite contre lui à tous les intéressés. »

Je passe quelques légères observations pré-sentées par MM. Regnault de Saint-Jean-d'Angély et Jollivet, au soutien de l'un et de

l'autre système, et j'arrive à l'opinion de
M. Tronchet : « L'intérêt de la société repousse
une disposition qui multiplierait les procès,
en forçant une foule de créanciers à faire
juger de nouveau un fait déjà jugé. Quelquefois même, à l'époque où les créanciers for-
meraient leur action, les preuves auraient
disparu ; et la succession dilapidée dans l'intervalle n'offrirait plus de prise à leurs droits.

» Une qualité universelle déclarée par les
tribunaux doit être certaine à l'égard de tous
ceux qui ont intérêt à la faire valoir. »

M. Berlier reprit avec un plus long déve-
loppement les raisons déjà données par
M. Treilhard, pour démontrer qu'un successible condamné comme héritier sur la poursuite d'un créancier du défunt, ne conserve pas
vis-à-vis de tous les autres l'empreinte de cette
qualité. « Ce serait trop circonscrire le ministère des juges, ressusciter la jurisprudence
des arrêts, et lui donner plus d'intensité
qu'elle n'en eut jamais. »

Toutefois, M. Berlier réduisit la question à
de très-minces dimensions, car il reconnut
que dans les cas où, d'aventure, un individu,
déjà déclaré héritier par jugement, voudrait,
dans un autre procès, se débattre contre ce

Art.

Art. préjugé, la lutte serait fort difficile et fort rarement heureuse. Il termina en disant que l'article en discussion pourrait être supprimé comme inutile, si, par la suite, le Conseil adoptait la disposition du projet (1) qui définit l'autorité de la chose jugée.

M. Réal ajouta un dernier mot : « L'individu déclaré héritier par un jugement peut être ensuite exclu par le véritable héritier ; sa qualité n'est donc pas irrévocablement certaine, et dès-lors elle peut être soumise au jugement de plusieurs tribunaux. »

Rien n'était plus vrai ; mais il fallait observer aussi que *l'héritier exclu* est héritier à l'égard de tous, tant qu'il est *héritier apparent ;* de même que le *véritable héritier* devient héritier à l'égard de tous, dès qu'il est *reconnu.* C'était une tout autre question.

Le procès-verbal n'offre pas d'autre résultat que celui-ci : « L'article est retranché. »

Ce retranchement fut-il voté dans le sens de M. Berlier ?

Il est permis de croire que la discussion n'alla pas se perdre dans une telle indétermination.

_____

(1) C'est l'article 1351 du Code civil.

Au vrai : ni la disposition primitive, ni Art.
celle que l'on y avait substituée, ne furent
admises.

Mais il existait dans le projet de la Commission un autre texte qui rendait identiquement
la pensée de son article 87. Ce dut être en
vue de cet autre texte, devenu l'article 800 du
Code civil, que le Conseil d'état supprima les
deux propositions qui lui avaient été respectivement soumises.

Si l'on objecte que les procès-verbaux n'of-
frent aucune trace apparente de cette intention, je puis citer beaucoup de séances où
l'on a discuté, dépiécé, retranché des articles
qui se sont reproduits tout entiers dans la
rédaction définitive, sans que l'on y trouve
ce qui les a fait maintenir, ce qui a empêché
de les remanier, et ce qui a fait modifier
et transformer des dispositions que personne
n'avait attaquées.

Le texte dont je viens de parler, cet article
800 du Code, qui formait, dans le projet,
l'article 104 du titre des *Successions*, s'expri-
mait ainsi : « Quoique les délais soient expirés,
l'héritier conserve encore la faculté de faire
inventaire et de se porter héritier bénéficiaire,
pourvu qu'il n'ait pas fait acte d'héritier, ou

Art. qu'il ne soit pas intervenu de jugement contradictoire, et passé en force de chose jugée,
qui le condamne en qualité d'héritier pur et
simple. »

N'oubliez pas que cette disposition avait
été tracée par la main qui déjà avait écrit
celle-ci : « L'héritier contre lequel un créancier de la succession a obtenu jugement contradictoire passé en force de chose jugée, qui
le condamne comme héritier, est réputé avoir
accepté la succession. »

On s'est donc généralement trompé quand
on a dit que, dans le cours des discussions,
l'article 800 du Code civil avait été *substitué*
à l'article 87 des premiers rédacteurs (1)?
Non ; tous deux existaient dans le projet ; tous
deux appartenaient au même système ; ils sor-
taient de la même source, et la même pensée
respirait dans les mots dont ils se composaient.

En définitive : l'article 800 seul est resté,
parce que seul il suffisait ; et, si j'ai le bonheur
de me faire comprendre, je m'assure qu'il
n'est plus possible de méconnaître sa véritable
entente.

(1) Cette erreur a été commise, notamment par
M. Toullier, t. 4, p. 357, à la note.

L'habile à succéder a laissé passer les délais ART.
que la loi lui accorde, et ceux que le juge y
avait ajoutés, pour connaître les forces de la
succession et délibérer ; il n'en a eu aucun
souci. Il ne peut plus renoncer. Néanmoins
il conserve encore la faculté de faire inventaire et de se porter héritier bénéficiaire. C'est
un retour vers ce principe d'équité naturelle
qui semble répugner à ce que l'héritier soit
obligé d'acquitter les dettes d'autrui, en
payant plus qu'il ne retire de la succession.

Mais la loi exige que les choses soient res-
tées entières. Ici l'imprudence se confond avec
la fraude ; elles sont punies de la même peine
quand l'intégrité de ces choses est entamée,
parce que, d'une manière ou d'une autre, la
garantie du droit des tiers se trouve compro-
mise.

De là cette condition sans laquelle il n'est
plus permis à l'héritier de prétendre au bénéfice d'inventaire ; il faut qu'il n'ait pas fait
acte d'heritier, ou *qu'il n'existe pas* DE *jugement passé en force de chose jugée, qui le condamne en qualité d'héritier pur et simple.*

Vous le voyez : *l'acte d'héritier* qui le rend
incontestablement héritier à l'égard de tous,
et le jugement qui décide qu'un *acte d'héri-*

ART.

tier a été fait, sont juxta-posés; ce sont deux causes semblables qui produisent le même effet. *Pourvu qu'il n'existe pas de jugement*, dit la loi; cela signifie : *Pourvu qu'il n'existe aucun jugement*. Donc si *un* jugement existe, celui que ce jugement déclare héritier, est aussi héritier à l'égard de tous. Les mots ne peuvent pas avoir une autre portée. Eh ! comment hésiter encore, quand ces mots ont été placés là par les rédacteurs de cette disposition surabondante qui précédait : « Celui contre lequel un créancier de la succession a obtenu jugement contradictoire, passé en force de chose jugée, qui le condamne comme héritier, est réputé avoir accepté la succession. »

Autre remarque fort importante : la première rédaction de l'article 800 n'assimilait à l'acte d'héritier que la condamnation *contradictoirement* prononcée ; mais la rédaction définitive parle, en termes généraux, d'un jugement *passé en force de chose jugée*.

Il y eut donc, à ce sujet, une discussion qui ne se trouve pas dans le recueil des procès-verbaux du Conseil. Certes, si la majorité des voix ne se fût point ultérieurement prononcée en faveur du système de M. Tronchet et de la Commission, MM. Treilhard et Ber-

lier n'auraient pas laissé passer l'article 800 ,
tel que leurs adversaires l'avaient fait , avec
ses expressions si absolues qui généralisent ,
en les assimilant , les effets de *l'acte d'héritier*
et ceux de la sentence qui le constate.

Enfin , je le demande , est-il sérieusement
possible d'accuser des hommes graves et expé-
rimentés, d'une niaiserie telle, qu'ils auraient
cru nécessaire de mettre deux lignes à la fin de
cet article 800 , dans la seule intention d'ap-
prendre aux gens que la chose *irrévocablement* jugée entre un débiteur et son créancier
est *irrévocable*, et que le premier , condamné
comme héritier *pur et simple* sur la poursuite
du second , ne pourrait plus être admis à
lui dire : Je ne veux être encore qu'un héritier *bénéficiaire?*

Tout en convenant de l'inutilité d'une pareille disposition , les auteurs qui veulent toujours l'entendre dans le sens restrictif , et ne
donner droit de se prévaloir du jugement
qu'au créancier qui l'a obtenu , répondent
qu'il y a bien d'autres surérogations à relever
dans le Code ; et ils saisissent , pour exemple,
ces autres mots de notre article 800 : *S'il n'a
pas fait acte d'héritier.* Ne savait-on pas de

Art. reste, ajoutent-ils, que celui qui a fait acte d'héritier s'est rendu irrecevable à invoquer le bénéfice d'inventaire (1) ?

Je réponds à mon tour que ce principe n'était point reçu et observé par toute la France, et qu'il était indispensable de s'en expliquer.

Avant comme après l'ordonnance de 1667, le parlement de Bordeaux admettait l'héritier, qui avait fait inventaire, à prendre la qualité d'héritier bénéficiaire, quoique d'abord il ne l'eût pas prise, et *quoiqu'il eût fait acte d'héritier pur et simple*. C'était un usage constant dans le ressort (2). De même, en ligne directe, celui qui n'avait point fait d'inventaire, et qui avait *fait acte* ou *pris qualité d'héritier*, pouvait, durant trente années, répudier la succession, en rapportant une simple description ou état sommaire du mobilier, sur la sincérité duquel il était cru jusqu'à preuve contraire (3).

(1) Voyez la Jurisprud. gén. de M. Dalloz, t. 12, p. 371.

(2) Voyez Lapeirère et son annotateur, lettre H, n° 6. Voyez aussi les attestations rapportées par Salviat, t. 2, p. 28, édition de 1824.

(3) Salviat, *ibid.*, p. 16.

On dira peut-être que c'était un écart bizarre, un attentat à l'autorité du droit romain,
une révolte contre l'ordonnance de 1667.
Mais les lois romaines n'étaient obligatoires
en pays de droit écrit, qu'autant qu'elles n'y
avaient point été abrogées ou modifiées par
l'usage. Pour ce qui se peut rapporter à l'ordonnance, il serait difficile d'y trouver un
texte que la jurisprudence bordelaise eût formellement violé : il s'ensuit que, jusqu'à la
promulgation du Code civil, cette jurisprudence n'a pas dû cesser de régir le ressort où
elle était née (1).

Ma remarque subsiste donc. Oui, s'il fallait
donner aux mots qui terminent l'article 800
l'interprétation que je combats, cette disposition qui viendrait proclamer là, au profit
du créancier, l'*irrévocabilité* de la chose qu'il
a fait *irrévocablement* juger contre son débiteur, serait ridicule, tant elle serait inutile.
Il n'est point permis de faire au législateur
une injure que nul exemple et nulle considération ne pourraient excuser.

Je m'arrête pour faire observer que jus-

(1) M. Merlin, *Quest. de Droit, v° Héritier*, § 2.

ART. qu'ici je me suis uniquement attaché à rechercher ce que le Code a voulu, et non ce qu'il
a dû dire. Deux systèmes étaient en présence ;
il fallait choisir. C'est ce choix que j'ai essayé
de constater. Je n'ai point eu la prétention
de refaire la loi à l'image de telle ou telle
doctrine ; je l'ai exposée, ou, si l'on veut,
je l'ai racontée comme j'ai cru qu'elle avait
été faite.

Mais, au fond, est-il vrai que cette loi,
animée du souffle de MM. Tronchet, Portalis,
Bigot de Préameneu, Boulay, Malleville,
Muraire, etc., déroge aux anciens principes
du droit et aux traditions de la jurisprudence? Nos vieux auteurs n'en conviendraient
pas. Voyez l'article 326 de la coutume de
Bourbonnais ; voyez Coquille sur l'article 27
du titre 34 de la coutume de Nivernais, et La
Lande sur l'article 337 de la coutume d'Orléans. Notre Boucheul, qui les cite sur l'article 278 de la coutume de Poitou, admet avec
eux, comme règle de droit commun, « que
quand la sentence qui déclare le proche pa-
rent héritier, est contradictoire, elle profite à
tous les autres qui y ont intérêt, par la raison
de la loi 12 ff. *de rebus auctoritate judicis*

possidendis (1); mais que quand elle a été Art.
portée par défaut, elle ne le rend héritier
qu'à l'égard de celui qui l'a obtenue, et que
même l'héritier condamné est reçu à revenir
contre, en refondant les dépens (2). » C'était
alors une défiance très-légitime que cette
distinction entre les effets des sentences contradictoires et ceux des sentences par défaut,
car on sait que celles-ci n'arrivaient souvent
à l'état de chose jugée, que par des voies
obscures et déloyales.

Ne lisait-on pas dans le Code du président
Favre : _Res judicata contra hæredem facit
jus, quoad omnes qui jus aliquod habent in
hæreditatem aut bona defuncti, si modò hæres
contradixerit, nec fuerit per contumaciam
aut collusionem condemnatus_ (3).

---

(1) _Cùm unus ex creditoribus postulat in bona debitoris
se mitti, quæritur utrùm solus is qui petit possidere potest? An cùm unus petit, et prætor permisit, omnibus
creditoribus aditus sit? Et commodius dicitur, cùm prætor permiserit, non tàm personæ solius petentis, quàm
creditoribus, et in rem permissum videri, quod et Labeo
putat..._

(2) Sur la _réfusion_ des dépens, voyez ci-dessus,
p. 129.

(3) _Lib._ 6, _tit._ 11, _defin._ 6, _not._ 61.

ART.

« Quelques-uns, disait Ferrière (1), met-
tent de la différence entre l'acceptation de la
qualité d'héritier *en une cause* ou contrat, et
la qualité d'hériter fondée sur des actes d'héritier, en ce que par des actes d'héritier, celui
qui les a faits est obligé envers tous les créanciers, mais qu'au premier cas la qualité
d'héritier n'oblige qu'envers la partie avec
laquelle ou a pris cette qualité, et non envers
les autres créanciers. Ils se fondent sur la loi
dernière ff. *de interrogat. in jure faciend.*,
où le jurisconsulte Scévola dit : *Procuratore
Cæsaris ob debitum fiscale interrogante, unus
ex filiis qui nec bonorum possessionem acce-
perat, nec hæres erat, respondit se hæredem
esse; an quasi interrogatoria (actione) creditoribus cæteris teneatur? Respondit ab his,
qui in jure non interrogassent, ex responso suo
conveniri non posse.*

» Je n'estime pas que cette opinion soit
soutenable, d'autant qu'il est absurde que
cette qualité se puisse diviser, et qu'une même
personne soit en partie héritier, ou envers
quelques créanciers, et ne le soit pas en par-

(1) *Corps et compilation de tous les commentateurs sur
la coutume de Paris*, t. 3, p. 569, édition de 1685.

Art.

tie, ou à l'égard d'autres créanciers. Cette qualité entraîne la confusion des patrimoines du défunt et de l'héritier, fait que l'héritier représente la personne du défunt, et est obligé, par ce moyen, à tous les créanciers de la succession. Or, une pareille fiction ne peut point avoir lieu pour une personne seulement, si ce n'est en un cas, savoir, lorsque l'héritier présomptif *a répudié la succession*, et que néanmoins il a pris la qualité d'héritier dans un procès qu'il avait contre un particulier ; cette qualité ayant empêché ce particulier créancier du défunt, de poursuivre ses droits contre d'autres que contre celui qui aurait pris cette qualité, pour lors je n'estimerais pas que les autres créanciers pussent prétendre que ce présomptif héritier fût héritier pur et simple. Et peut-être que c'est dans cette espèce que la loi dernière ff. *de interrogat. in jure faciend.*, a été faite, suivant ces termes, *nec hœres erat ;* le jurisconsulte supposant que celui qui avait dit être héritier dans les interrogatoires qu'il avait subis à la requête du procureur du prince, n'était réellement pas héritier (1). »

(1) L'auteur indique fort bien ici le sens de la loi dernière, *ff. de interrogat. in jure fac. ;* mais M. Mer-

ART.   Je sais que Pothier a dit dans son *Traité
des Successions* : « L'héritier condamné en
cette qualité envers un créancier, par jugement souverain ou en dernier ressort, est bien
obligé, à cause de l'autorité de la chose
jugée, à payer les sommes auxquelles il a
été condamné ; mais il ne devient pas héritier pour cela, car il ne peut être héritier
sans avoir voulu l'être, selon notre règle de
droit coutumier : *Il n'est héritier qui ne
veut.* »

Cette raison n'est pas très-concluante : la
règle *il n'est héritier qui ne veut*, dont le style
a été rajeuni par l'article 775 du Code civil,
signifie seulement que nous n'avons point,

lin, dans ses *Questions de Droit*, v° *Héritier*, § 8,
prouve jusqu'à la dernière évidence que cette loi ne
s'applique qu'au cas où celui qui se déclare héritier
n'était cependant pas habile à prendre cette qualité. En
effet, la loi 12, *eod. tit.*, dit, en termes exprès, que
l'héritier sien *qui délibère*, et ne s'est point encore im-
miscé dans la succession de son père, fait acte d'héritier
en répondant qu'il est héritier : *Si responderit se hæredem esse, tenebitur ; nam ità respondendo pro hærede
gessisse videtur.* Et il n'est pas besoin de démontrer
que celui *qui pro hærede gessit* est obligé envers tous
les créanciers de la succession.

comme chez les Romains, des héritiers *siens* Art.
et nécessaires (1).

S'il ne fallait que dire : *Je ne veux être
héritier*, chacun pourrait, se retranchant dans
ce qu'il appellerait la candeur de son intention, neutraliser trop commodément les conséquences de ses actes, ou jouir trop impu-
nément de sa fraude.

L'erreur de droit n'est pas même un motif
qui puisse venir en aide au majeur, pour le
relever des suites d'une imprudente immix-
rition ; on lui dirait : *Cùm ignorantiâ juris
facilè excusari non possis, serâ prece subve-
niri tibi desideras* (2).

Le successible qui se trompe et se rend
héritier, croyant qu'il s'abstient, est un héritier *qui ne veut l'être*, et qui n'en reste pas
moins, en dépit de sa volonté contraire,
soumis à toutes les charges de l'hérédité. La
règle invoquée par Pothier est donc ici sans
application.

---

(1) *Necessarii verò dicuntur quia omninò, sive velint,
sive nolint, tàm ab intestato quàm ex testamento, ex lege
duodecim tabularum, hæredes fiunt.* Voyez le tit. 19 des
Institutes, liv. 2, *De hæredum qualitate et differentiâ.*
(2) Voyez l'article 783 du Code civil.

ART.   Cependant, ne serai-je point accusé de méconnaître, à mon tour, cette autre règle du
droit civil, qui veut *que la chose demandée
soit la même, et que la demande soit entre
les mêmes parties*, pour que l'on puisse dire :
Il y a autorité de chose jugée (1)?

Oui, il est écrit dans la loi que les jugemens
n'ont d'effet qu'à l'égard des personnes entre
lesquelles ils ont été rendus ; mais vous y lisez
également que les conventions n'ont d'effet
qu'entre les parties contractantes (2).

Or, l'héritier présomptif qui traite avec un
créancier de la succession, ne fait-il pas acte
d'héritier, et cet acte ne le rend-il pas héritier pur et simple à l'égard de tous ? L'affir-
mative est incontestée ; il n'y a pas une ombre
de dissidence sur ce point.

L'article 800 du Code civil fait donc exception à l'article 1165.

Pourquoi la règle générale de l'article 1351
ne céderait-elle pas de même à cette exigence
spéciale de la nature des choses ?

Je sais qu'on insistera. La différence est
grande, dira-t-on, entre le successible qui

(1) Code civil, art. 1351.
(2) Code civil, art. 1165.

se reconnaît volontairement héritier par l'effet d'une convention, et celui qui ne reçoit cette qualité que par l'effet d'une condamnation. Je répondrai, avec M. Merlin (1), qu'il est toujours permis d'argumenter des conventions aux jugemens, et qu'un jugement suppose une convention tacite entre le demandeur et le défendeur, par laquelle ils se sont soumis d'avance à ses dispositions, s'ils ne peuvent réussir à le faire réformer par les voies de droit. *Ut in stipulatione contrahitur, ità judiciis contrahitur* (2).

Serait-ce trop de subtilité, que d'en tirer la conséquence qu'il faut assimiler au successible qui a volontairement acquitté une dette de l'hérédité, celui qui s'est vu contraint de la payer par la puissance d'un arrêt, et après l'entier épuisement de tous les moyens de recours? On conviendra du moins, ajouterai-je avec M. Merlin, que l'assimilation deviendra parfaite en se plaçant dans l'hypothèse d'un jugement contre lequel il n'y a ni opposition, s'il était par défaut, ni

(1) *Répertoire*, vis *Effet rétroactif*, sect. 3, § 9, et *Quest. de Droit*, v° *Héritier*, §.8.

(2) *L.* 3, § 11, *ff. de peculio.*

Art. appel, ni requête civile, ni pourvoi en cassation, s'il était contradictoire. Alors la condamnation n'aura pris force définitive et irrévocable que par le libre acquiescement de l'héritier qui a bien voulu la subir et céder au premier choc. La position sera la même que celle du successible qui a payé sans se laisser traduire, parce que, en résultat, ne vouloir point résister, ou ne vouloir plus résister, quand on n'est pas désarmé, c'est chose toute pareille ; c'est toujours se rendre volontairement ; c'est toujours acquiescer ; c'est toujours, de gré, et non de force, faire acte d'héritier.

Cela étant hors de doute, et en raisonnant, si l'on veut, dans le sens restrictif que donnent à l'article 800 les continuateurs du système de Pothier, il faudrait donc en venir à le modifier, et à confesser qu'il y aurait lieu de l'appliquer seulement au cas où la défense du successible condamné comme héritier pur et simple, a été poussée jusqu'aux dernières limites des voies de recours.

Mais la loi permettrait-elle cette sorte d'accommodement ? Non, sa disposition est absolue ; elle a été reproduite avec toute sa généralité dans le Code de procédure ; elle

ART.

embrasse le cas d'une condamnation à laquelle l'héritier a volontairement acquiescé,
comme le cas où il a fait tout ce qui dépendait
de lui pour la faire réformer; dans l'un et
l'autre, elle le rend héritier pur et simple
envers tous les créanciers.

M. Toullier combattait cette doctrine par
l'absurdité des conséquences qu'il lui imputait.
La réciprocité sera forcée, a dit le vénérable et
très-regrettable professeur : ainsi, le premier
jugement qui, sur la poursuite de l'un des
créanciers, aura déclaré que le successible n'a
point fait acte d'héritier, pourra également
être opposé à tous les autres ! Ce sera donc,
pour tous, la chose généralement jugée, quoiqu'ils n'aient été ni entendus ni appelés, et lors
même qu'ils viendront alléguer des moyens
et des faits nouveaux, inconnus à celui qui
le premier a plaidé et succombé !

Je suis de l'avis de M. Toullier : « Ce serait
d'une absurdité sensible. » Mais cette conséquence qu'il a déduite, pour la qualifier ainsi,
n'était qu'une illusion de critique.

Le successible qui prend le titre d'héritier
se rend héritier à l'égard de tous : voudriez-
vous en conclure que celui qui se dit n'être
pas héritier, ne l'est à l'égard de personne ?

ART.

Le successible qui traite sur quelque dette de la succession s'oblige envers tous : voudriez-vous en conclure que celui qui se fait reconnaître par l'un comme pur de toute immixtion , ne peut plus être recherché par les autres ? Ce serait une large porte ouverte aux collusions.

Et de ce qu'un jugement rend héritier, envers tous , le successible qu'il condamne en cette qualité, je demande quelle spéciale et rigoureuse nécessité il y a d'inférer que sa relaxance devra lui donner gain de cause à toujours, et s'étendre comme l'autorité prédominante d'une chose universellement jugée, sur toutes les réclamations , faits et moyens nouveaux des créanciers qui n'ont encore été ni appelés ni entendus ?

Le jugement qui constate l'acte d'héritier produit les mêmes effets que le contrat où se manifeste l'acte d'héritier; et ces effets sont acquis à tous, parce qu'ils se rattachent à une qualité indivisible, parce qu'ils sont, s'il est permis d'ainsi parler, les rayonnemens d'un fait *positif* qui luit pour tout le monde. Mais ce qui est *négatif* ne peut avoir qu'un effet actuel et individuel, car ce n'est que la chute d'une action dont la preuve a failli.

Celui qui est une fois héritier, est héritier
pour toujours. Celui qui ne l'est pas à présent, peut le devenir.

Ces deux mots répondraient seuls à l'argument de réciprocité déduit par M. Toullier,
contre le sens que j'ai cru devoir adopter pour
l'application des articles 800 du Code civil et
174 du Code de procédure.

Je dois un dernier mot à une dernière objection.

La voici : Il est admis en jurisprudence
que les contestations incidemment élevées
dans les tribunaux inférieurs sur la qualité
des parties, doivent être jugées sans appel,
lorsque la valeur de la demande principale
n'excède pas les limites du dernier ressort.
Et s'il était vrai que nos Codes eussent voulu
rendre commun à tous le bénéfice d'un jugement qui, sur la poursuite d'un seul, a condamné le successible en qualité d'héritier pur
et simple, il s'ensuivrait que des juges de
première instance, et même un juge de paix,
pourraient, statuant à la fois sur le principal
et sur l'incident, conférer irrévocablement
cette universelle qualité d'héritier, devenue
l'accessoire de la plus mince condamnation.

Toutefois on distingue deux cas : celui où

Art. la qualité d'héritier forme l'objet *principal et direct* de la demande, et celui où le débat sur ce point ne sort qu'incidemment du système de la défense.

Au premier cas, on veut bien permettre l'appel, parce que la qualité d'héritier, avec ses incommensurables effets, n'offre point une valeur fixe et certaine.

Au second cas, on prétend que la question de *qualité* vient s'absorber dans la juridiction du principal, *sequitur sortem principalis*, et qu'elle ne met aucun poids dans la balance du premier ou du dernier ressort. Ce serait le rejet d'un moyen, et non l'attribution d'une qualité en dehors de la cause.

Je réponds que vainement on chercherait, dans tous les âges de notre législation, un texte sur lequel se puissent appuyer cette jurisprudence abstractive et ses imperceptibles distinctions. Jamais la qualité d'héritier ne put avoir en soi, principalement ou accessoirement, une valeur fixe et certaine; jamais ce qui est indéfini ne put légalement être resserré dans le calcul d'une compétence déterminée.

Au temps où les baillis et les sénéchaux ne

jugèrent plus qu'à la charge d'appel, les
moindres affaires parcouraient de nombreux
degrés avant d'arriver aux parlemens qu'elles
venaient surcharger. C'est ce qui porta Henri II
à créer un dernier ressort intermédiaire, afin
d'arrêter les involutions des plaideurs qui
ne craignaient d'appeler, jusques dans les
Cours, pour quelque petite matière que ce
fût (1).

Les présidiaux furent établis au mois de
janvier 1551, avec pouvoir de prononcer sans
appel sur toutes les matières civiles qui n'ex-
céderaient pas 250 livres en capital, ou dix
livres de revenu.

Il y eut toujours dans les créations nouvelles un germe d'envahissement. La prési-
dialité voulut élargir le cercle de sa compétence souveraine, et y faire entrer la qualité
des personnes, comme l'accessoire d'*un principal* de dernier ressort, toutes les fois que
cette qualité serait l'objet d'une contestation
incidente. Ses efforts étaient trop ambitieux.
Evidemment, lorsque vous ajournez quelqu'un pour payer une dette du défunt, vous
l'ajournez en qualité d'héritier; il ne devra

(1) Voyez mon premier volume, t. 1, ch. 7, p. 115.

Art.   rien s'il n'est pas héritier; la question préjudicielle, devenue la question dominante, est
donc celle de savoir s'il est héritier. Tout le
reste en dépend : *Per minorem causam majori
cognitioni præjudicium fieri non opportet ;
major enim quæstio minorem ad se trahit* (1).
C'est l'intérêt que les parties apportent dans
le débat, c'est l'enjeu de chacun, si j'ose ainsi
parler, qui forme la mesure de la compétence. Est-ce que la valeur d'une demande
reconventionnelle, qui n'est autre chose
qu'un *incident*, n'entre pas en ligne de
compte pour fixer le taux de l'instance? Ce
sont des vérités que l'on ramasse à fleur de
terre.

« Les présidiaux ne peuvent juger par jugement dernier ou présidial, disait Filleau (2),
quand il est question de répudier ou appré-
hender une hérédité, et que la qualité d'héritier est révoquée en doute. Il fut ainsi
décidé par arrêt des Grands Jours de Cler-
mont, le 28 septembre 1582, entre Jean et
Thomas Berthereau appelans de Saint-Pierre-

_____

(1) *L.* 54 *ff. de Judiciis.*
(2) *Recueil d'édits, règlemens et arrêts notables,*
partie 1re, tit. 5, chap. 1er, n° 3.

le-Moustier , de ce qu'ils avaient été con- Art.
damnés par jugement dernier , comme héritiers de leur défunt père , à payer les arrérages
d'une rente foncière à Louis Dubois intimé ,
combien qu'ils eussent soutenu n'être héritiers et avoir répudié ; et furent faites défenses auxdits présidiaux de plus juger telles
causes présidialement. »

En l'année 1579 , la cour ne traita si
doucement le présidial de Lyon , contre lequel elle rendit un décret d'ajournement
personnel , pour avoir passé par - dessus
l'appel d'un défendeur ainsi réputé héritier. Il y a arrêt semblable du 9 août
1583 , et le parlement de Rennes avait prononcé dans le même sens , le 10 septembre
1575 (1).

On alléguera peut-être que ces décisions
étaient cassables , parce qu'une déclaration
du 27 décembre 1574 refusait aux parlemens
le droit de recevoir l'appel des jugemens présidiaux , sous prétexte de vérifier leur compétence , sauf le pourvoi en règlement de juges ,
devant le Grand Conseil. Mais à supposer
que cette déclaration , qui fut révoquée de-

---

(1) *Dictionnaire* de Brillon , v° *Présidiaux* , n° 29.

Art. puis, ait jamais obtenu quelque effet, il est certain que les arrêts cités n'avaient point été cassés.

Je pourrais invoquer encore une ordonnance du 13 août 1669 qui exceptait des causes dévolues à la tournelle civile du parlement de Paris (1), celles concernant les qualités d'héritier ; et l'édit de janvier 1685, donné pour le Châtelet, qui défendait de porter au présidial les affaires où il s'agissait de l'état des personnes et des *qualités d'héritier de femme commune ou séparée de biens*. On ne manquerait pas de me répondre que c'étaient des exceptions, des spécialités, des règles particulières à la tournelle et au Châtelet ; qu'on ne doit pas argumenter d'un cas à un autre, et dépayser les principes. Jousse, conseiller au présidial d'Orléans, en son *Traité des présidiaux* (2), n'a pu trouver que ces lieux communs d'une argumentation malheureuse, pour étayer les prétentions présidiales.

(1) La tournelle civile était une chambre du parlement établie pour l'expédition de certaines causes de valeur et de nature déterminées. Voyez les Déclarations du 18 avril 1667 et du 11 août 1669.

(2) Pag. 179 et suivantes.

L'opinion de Jousse ne devait point peser sur l'avenir, car un nouvel édit survint au mois d'août 1777, comme pour lui donner le plus éclatant démenti. Il était dit dans le préambule : « Nous nous proposons de pourvoir aux difficultés relatives à l'exercice de la juridiction des présidiaux, *en déterminant les objets de sa compétence d'une manière précise*, qui ne permette *presque plus* aucune incertitude. » Et l'article 10 portait : « N'entendons que lesdits juges présidiaux puissent connaître en dernier ressort...... de demandes à l'occasion desquelles il s'élèvera contestation sur l'état et qualité des personnes, *sur celles d'héritier*, de femme commune ou séparée, d'associés, de gardien noble ou bourgeois, de tuteur ou curateur, ni des oppositions ou des levées de scellés, inventaires ou partages. »

C'était le dernier état de la législation, lorsque les temps s'accomplirent, et que les bailliages, les présidiaux et les parlemens disparurent dans les révolutions de l'ordre judiciaire. Mais le fond du droit, en ce qui touche notre question, n'a point été changé ; car, pour l'effacer de nos vieilles tables et pour lui substituer un principe contraire, il eût fallu une disposition expresse, et quelque chose de gravé dans les Codes qui nous régissent aujourd'hui.

La doctrine de Jousse, quoique condamnée, et, peut-être, parce qu'elle avait été condamnée, réunissait encore quelques partisans. Des arrêts de l'an IX, de l'an XI, de l'an XII et de 1806, la remirent en lumière; et la Cour de Cassation, dans son projet d'un titre préliminaire pour le Code de procédure, présenta un article ainsi conçu : « Tous les incidens, *même ceux relatifs à la compétence*, se jugent en premier ou dernier ressort, suivant la nature de l'action principale. »

Si le principe eût dû être admis, c'était raisonner fort juste que d'en étendre l'application aux matières de compétence.

En effet, vous voulez que, dans un cas de dernier ressort, le tribunal prononce à la fois et sans appel, soit sur le fond de la demande, soit sur une qualité que le défendeur répudiait et que son adversaire lui avait nécessairement supposée; pourquoi ne voudriez-vous pas que dans les mêmes circonstances, et mettant une question de domicile à la place de tout autre incident,

cette question puisse être souverainement Art.
jugée?

Toutefois ni le principe ni ses conséquences ne furent accueillis. Les articles 425 et 454 du Code portent expressément que les dispositions sur la compétence peuvent TOUJOURS être attaquées par la voie de l'appel, *encore que le jugement ait été qualifié en dernier ressort.* Certes, on ne trouvera aucun autre texte qui permette d'inférer qu'il en doive être autrement, lorsque l'intérêt qui s'attache à la qualité d'héritier devient incidemment la question préjudicielle et véritablement principale de la contestation.

Répéterez-vous que la qualité n'a été jugée en dernier ressort que comme un accessoire de l'objet qui était en litige ; qu'elle peut être remise en question et décidée en sens contraire, dans une autre cause ; que l'on peut bien être déclaré héritier à l'égard de celui-ci, et ne l'être pas à l'égard de celui-là ? Je redirai que toutes ces raisons s'appliqueraient tout aussi justement à l'exception d'incompétence personnelle, et qu'il n'en est pas moins vrai que cet incident ne se comprime jamais dans les limites du dernier ressort, si petitement que soit déterminée la valeur du litige.

ART.

Je ne m'occupe point de l'incertitude et des déviations de cette jurisprudence, qui s'est faite le présent du passé. La loi doit prévaloir sur les subtilités de la vieille ligue présidiale. Tel qui cite aujourd'hui le *Traité des présidiaux* ne s'est guère mis en souci de connaître les tracasseries du temps où ce livre fut écrit, et ce qui dut amener, pour y couper court, l'édit de 1777, alors que les parlemens étaient rentrés en grâce.

Cette question de compétence, avec son intérêt particulier, se présentait tout naturellement pour être rattachée à ma discussion sur l'article 800 du Code civil : en définitive, elle vient s'y confondre.

La Cour supérieure de justice de Bruxelles a très-clairement fait voir leur affinité dans un arrêt du 9 décembre 1815. Il s'agissait d'une somme au dessous de 1,000 fr., pour laquelle un particulier était assigné comme héritier de son père. Le défendeur répondait qu'il n'avait point accepté la succession. Il y eut jugement qui admit la preuve de certains faits de recèlement imputés au prétendu héritier. Celui-ci se rendit appelant; ses adversaires soutinrent qu'il était non recevable

dans son appel, parce que leur demande n'ex-
cédait pas le taux du dernier ressort. La Cour
rejeta la fin de non-recevoir par les motifs
qui suivent :

« Attendu que, d'après le contenu de l'article 800 du Code civil, celui qui veut se porter
héritier sous bénéfice d'inventaire est recevable à le faire même après les délais expirés,
à moins, entre autres, qu'il n'existe contre
lui un jugement passé en force de chose jugée
qui le condamne en qualité d'héritier pur et
simple ; d'où résulte que, quel que soit le
montant de la demande principale, il y a à
décider préalablement si l'appelant doit être
tenu pour héritier pur et simple, ou non ;

» Attendu que le jugement à intervenir
ne doit pas seulement avoir son effet contre
les parties, mais qu'il peut encore avoir cet
effet même vis-à-vis des tiers qui ne sont point
en cause ; par conséquent ce n'est pas tant
la demande d'une somme quelconque, mais
bien la qualité d'héritier qui est à considérer
principalement dans la cause. »

Une décision conforme fut rendue par la
Cour royale de Douai, le 29 juillet 1816.

M. Merlin rapporte ces deux arrêts dans

Aᴿᴛ. ses *Questions de Droit* (1). Il avait d'abord adopté et fait adopter la doctrine de Jousse; mais, plus tard, il n'a point épargné les regrets à son erreur. « Comment, a-t-il dit, ai-je pu soutenir dans mon réquisitoire du 28 janvier 1806 (2), que le jugement du 12 messidor an xii, que j'y ai rappelé, était valablement rendu en dernier ressort? Et comment la Cour de cassation elle-même a-t-elle pu le considérer? C'est que ni la Cour de cassation ni moi n'avons alors fait attention au changement que l'article 800 du Code civil avait apporté, en cette matière, au *prétendu* principe qui avait déterminé les précédens arrêts des 8 frimaire an xi et 18 nivôse an xii (3). »

Je ne le dissimule point : l'opinion que

(1) V° *héritier*, § 8.

(2) *Répertoire*, vⁱˢ *dernier ressort*, § 12.

(3) *Ibid.* M. Merlin disait aussi dans une note du texte dont une partie vient d'être citée : « J'ai adopté trop légèrement l'opinion de Jousse, elle m'a entraîné par le grand nombre d'autorités dont je l'ai vue alors environnée; mais j'aurais dû mieux apprécier les autorités qui *la combattent*, et surtout mieux peser les raisons qui *la détruisent*. »

je défends n'est pas celle que l'on suit le plus aujourd'hui dans les tribunaux. Je ne sais si la jurisprudence restera dans cette direction, mais, en attendant, et après y avoir beaucoup réfléchi, j'ai cru devoir maintenir mon *verum tamen*.

Le cours d'un procès serait comme une ligne tirée à l'infini, s'il était permis aux plaideurs, après l'épuisement des exceptions de nullité et d'incompétence, d'y glisser encore, les unes après les autres, une foule d'exceptions dilatoires. *Dilationum materia est restringenda*, disait Mazuer en sa pratique (1).

« Les exceptions dilatoires doivent être proposées conjointement et avant toutes défenses au fond. »

C'est la règle générale pour toutes les exceptions de procédure. Mais il faut ici qu'elle se soumette à tant de modifications, qu'on ne peut guère la considérer que comme un conseil donné, une recommandation faite aux juges, pour les cas possibles.

Par exemple : on donne à l'héritier et à la veuve attaqués par les créanciers de la suc-

(1) *De dilationibus*, n° 25.

Art.

cession ou de la communauté, un délai pour
faire inventaire et délibérer sur le parti qu'il
leur faudra prendre : ne serait-ce pas d'une
absurde inconséquence que de les obliger à
présenter, durant ce temps de recherches et
de réflexion, d'autres exceptions qui supposent un parti pris, une qualité déterminée
et la résolution d'accepter le débat, comme
celles qui tendent à la mise d'un garant en
cause, à la discussion préalable d'un débiteur
principal, etc. ?

Souvent aussi peut-il arriver que le motif
d'une exception dilatoire ne surgisse qu'à la
suite de l'engagement des parties sur le fond
de la cause. Telle serait la demande en communication d'un titre que l'une d'elles aurait invoqué, pour la première fois, à une
époque avancée de la discussion. Alors l'exception est justifiée par la nécessité de la défense, et rien n'autorise à soupçonner qu'elle
ait été présentée en vue d'un injuste retardement.

La conclusion est facile : la loi s'en rapporte à la prudence des magistrats pour accommoder la règle de l'article 186 à la nature
et à l'exigence des affaires, aux accidens divers
de la discussion, à l'opportunité du temps,

et surtout à la bonne foi de ceux qui deman- Art.
dent à dilayer.

Toutes les exceptions dilatoires ne pouvaient être ni signalées ni prévues dans le
Code. S'il n'y est expressément parlé que de
celles relatives aux délais pour faire inventaire
et délibérer, à la mise en cause des garans, et
à la communication des pièces, c'est qu'elles
devaient être régies par quelques dispositions
spéciales.

Je pense qu'il est inutile de définir la *garantie*, le *garant* et le *garanti*. Ce sont de ces
mots primitifs, comme dit Pascal, qui sont
plus clairs que les mots qui servent à les définir.

En procédure, on distingue deux espèces
de garantie, la garantie *formelle* et la garantie
simple. C'est cette distinction qui a besoin
d'être expliquée, à cause des effets différens
qui en dérivent.

La garantie est *formelle* quand elle se rapporte à une action réelle ou hypothécaire.
Ainsi Pierre a vendu une maison à Paul;
quelque temps après, un tiers assigne l'acquéreur pour le faire condamner à délaisser
cette maison. Alors Paul appelle à sa garantie

ART. Pierre, lequel sera un garant *formel*, parce que, suivant la matière du contrat, le vendeur doit à l'acquéreur la possession paisible de la chose vendue (1). Il en serait de même si le tiers, au lieu de revendiquer la maison, prétendait qu'elle lui est affectée par un droit d'hypothèque. Le vendeur qui n'aurait pas déclaré ce droit, serait *formellement* tenu de venir répondre à l'action du tiers, et de le faire taire, sous peine de restitution, dommages-intérêts, etc.

Chez les Romains, le garant *formel* était appelé *auctor*, et, dans la loi des douze tables, *auctoritas* se prenait pour *jus dominii;* ce mot a signifié depuis l'action *pro evictione* (2). *Laudare auctorem*, c'était sommer le garant *formel*, le vendeur, de venir en cause (3).

Nos vieux auteurs disaient en latin *garandia*, *garandus* (4), et en français, gariment, garandisserre, garandisseur (5).

(1) Code civil, art. 1625.

(2) *L. ult. ff. de evict.*

(3) *L. 6, § 5, ff. de act. empti et venditi*, et l. 7 *Cod. de evict.*

(4) Mazuer, *de dilationibus.*

(5) Beaumanoir, chap. 34 des *Coutumes de Beauvoisis.*

La garantie est *simple*, lorsqu'il s'agit d'une action personnelle; comme si étant caution solidaire d'un prêt fait à Jean, et me voyant traduit en justice pour le paiement de la somme, je l'appelle dans l'instance, afin qu'il soit tenu de me garantir de la demande, ou de m'indemniser des condamnations qui pourraient être directement prononcées contre moi.

Il y a donc, en toute garantie, un demandeur et un défendeur *originaires ;* le défendeur devient à son tour et *secondairement* demandeur en garantie, et le garant qu'il fait venir en cause prend le nom de *défendeur en garantie.* Les arrière-garans, s'il en est amené, augmentent successivement le nombre des défendeurs, et la série des délais donnés pour les assigner.

Cet agencement est le plus ordinaire, et c'est ce que suppose le Code de procédure, pour l'application de ses règles. Cependant il n'est point impossible que le demandeur originaire se fasse en même temps demandeur en garantie. Vous êtes cessionnaire d'une créance, et vous avez traduit en justice le débiteur qui nie ou qui conteste la dette; sur ce, vous formez une demande en garantie contre votre cédant, pour qu'il fasse

Art.

176.

Art. valoir la cession, ou qu'il soit condamné à telles restitutions et indemnités que de droit. Vous êtes à la fois demandeur originaire et demandeur en garantie.

Le garant *formel* peut toujours prendre le fait et cause du garanti.

182. Prendre le fait et cause, c'est venir se poser devant le demandeur originaire, accepter la lutte pour son propre compte, couvrir le garanti, et lui laisser la faculté de se retirer de l'instance, ou d'y rester comme spectateur.

En garantie *simple*, la prise de fait et cause ne s'admet pas.

Les auteurs ont, en général, cru trouver la source et le motif de cette différence dans l'acception légale du mot *formel*, indiquant une obligation plus intime, plus expresse, plus absolue. On peut tirer, ce me semble, une meilleure explication de la nature des actions.

La garantie *formelle* se distingue de la garantie *simple*, comme l'action réelle immobilière et l'action personnelle diffèrent entre elles.

Or, la garantie *formelle* est l'accession à

une action réelle, et vous savez que cette **Art.**
action est la revendication d'une chose, ou
d'un droit réel sur une chose, contre toute
personne qui la détient, et en quelque main
qu'elle se trouve. La chose est l'unique objet
de l'action, car les possesseurs peuvent changer, sans que l'action se détache de la chose;
le possesseur actuel n'est cité que pour servir
de contradicteur (1).

Il a suffi de repasser sur ce principe, et
vous voyez clairement ici la conséquence qui
s'y vient engrener d'elle-même. Que m'importe, quand je revendique un champ, de
le disputer contre Pierre plutôt que contre
Paul, si Pierre vient prendre le fait et cause
de Paul ? Le champ n'est-il pas toujours là ?
Le représentant qu'on lui donne, l'organe
qu'on lui prête, ne fait rien à l'affaire : *res
non persona convenitur.*

Il est loisible au garanti de requérir sa mise
hors de cause, dès que le garant veut bien le
remplacer dans la cause: *tunc fit novatio in
judicio, mutatâ personâ rei.* Mais cette réqui-
sition doit être faite avant qu'un premier
jugement *préparatoire* ou *interlocutoire* soit 182

(1) Voy. l'Introduction, t. 1, chap. 5.

Art. intervenu ; car , en y prenant part, le garanti fait cause commune avec son garant , il s'associe à l'instance, il en partage les chances, et ne peut plus en sortir que par l'issue commune, celle du jugement définitif, avec ou sans dépens, selon l'événement.

Cependant la loi dit que le garanti , *quoiquè mis hors de cause*, sera le maître d'y assister pour la conservation de ses droits , et , d'un autre côté , qu'il pourra être forcé *d'y rester* pour la conservation des droits du demandeur originaire. N'êtes-vous pas porté d'abord à croire que tout cela implique contradiction , et ressemble à un choc de textes qui se heurtent les uns contre les autres ? Cette première vue ne serait qu'une erreur. Le Code , comme l'ordonnance de 1667 (1), a dû prévoir qu'en se retirant tout-à-fait du procès, le garanti pourrait courir le risque de devenir la dupe d'un concert frauduleux , d'une insouciance coupable , d'une défense faible ou mal entendue. « Et combien que le défendeur qui a appelé en gariment, disait Imbert, puisse sortir du procez, néantmoins, s'il doute que celui qui a prins le gariment soit pour

(1) Tit. 8 , art. 10.

colluder avec le demandeur, il sera pour le A̅ʀ̅ᴛ. mieux qu'il demeure assistant au procez (1). »
Assister aux débats, ce n'est point y conserver une part active, ce n'est point *rester en cause*, c'est se réserver seulement la faculté d'entendre, de surveiller, et de suggérer des moyens ; sauf à se faire rouvrir la barrière s'il en était besoin, à rentrer dans la lice, et à reprendre la double qualité de défendeur originaire et de demandeur en garantie.

Il n'est pas plus difficile de comprendre l'intérêt que le demandeur principal peut avoir, et par conséquent le droit qu'il peut invoquer, pour s'opposer à la retraite du garanti, lorsque celui-ci se trouve personnellement débiteur de fruits qu'il a perçus, ou de détériorations qu'il a commises.

L'ordonnance de 1667 n'en avait pas, comme le Code, une disposition expresse ; mais on y suppléait par justice et par raison (2).

L'insolvabilité du garant formel pourrait-elle être un motif légitime de retenir le garanti

(1) *Pratique civile*, etc., chap. 20 , nº 6.
(2) Rodier sur l'art. 9 du tit. 8 , quest. 1ʳᵉ.

Art. dans l'instance ? Non. Il est fâcheux sans doute pour le demandeur originaire de rester seul aux prises avec ce champion qu'on lui oppose, et qui n'a pas de quoi payer les frais de la lutte ; toutefois, n'est-ce pas celui-là même contre lequel il aurait fallu directement procéder, s'il n'eût pas cessé de détenir l'objet litigieux ?

L'action *personnelle* se nomme ainsi, parce qu'elle est intentée contre une personne obligée à donner, à faire, ou à ne pas faire quelque chose : detachée de cette personne, elle ne se concevrait pas ; elle suit le corps, *ossibus hæret*. On sait cela. Ici le défendeur n'est point libre de sortir du procès où le lien de son obligation l'attache, et de se substituer un garant derrière lequel il se pourrait dérober. Le garant, s'il y a lieu à garantie, n'est dans ce cas qu'un autre défendeur qui intervient : *Persona adjungitur tantùm personæ, non eximitur, nec qualitates mutantur litis* (1).

En cette garantie *simple*, il ne peut donc y avoir *prise de fait et cause*. Ce serait

_____

(1) Theveneau, *Comment. sur les Ordonn.* liv. 3, tit. 6, art. 2.

une merveilleuse commodité pour votre débi- Arᴛ.
teur, que de mettre à sa place et de livrer à
vos rigueurs une figure de répondant à qui
vous n'auriez pas voulu prêter une obole !

Les principes étant posés, je vais exposer
les règles de procédure qui servent à leur
application.

La demande en garantie suspend le cours
de l'action principale jusqu'à l'expiration du
délai que le garant doit avoir pour comparaître. Les deux instances, rendues à ce point
de contact, se joignent pour être instruites et
jugées l'une avec l'autre. La législation a dû
favoriser cette unité des causes qui rallie la
procédure, allége la défense, épargne des
frais, et rassure contre la diversité des jugemens.

M. Regnault de Saint-Jean-d'Angély disait
au Conseil d'état : « Une partie pourrait donc,
en vue de différer le jugement, faire assigner
en garantie un individu domicilié à la Gua-
deloupe ; et, dans cette hypothèse, on serait
donc forcé d'attendre l'échéance de l'assignation ? »

Le grand juge répondit : « Si cette partie
avait le droit de faire appeler l'individu

Art. qu'elle a assigné, on ne pourrait pas passer outre. S'il était jugé qu'elle *n'avait pas ce droit*, son assignation en garantie n'arrêterait pas la marche de la procédure (1). »

C'est le système de la loi dans toute sa simplicité.

Maintenant il faut voir comment le droit est protégé contre les atteintes de l'abus.

Qui veut amener garant, disaient nos vieux livres, n'est point obligé de se pourvoir d'un mandement préalable de la justice; mais il n'est pas libre de choisir et de prendre le temps qui lui convient. Cela est toujours vrai. Le défendeur doit assigner son garant dans

175. la huitaine du jour où il a été lui-même assigné à la requête du demandeur, et il est tenu

179. d'en aviser celui-ci par acte d'avoué à avoué.

Cette fixation de délai est rigoureusement absolue, en ce sens qu'elle ne cède à aucun privilége, soit par rapport à la qualité des

178. personnes, soit par rapport à la nature des affaires. Elle reçoit seulement une augmentation en raison des distances, afin que, d'une part, l'assignation puisse parvenir au garant, et que, de l'autre, l'original de l'exploit

---

(1) Séance du 14 floréal an XIII.

puisse revenir au garanti. Il ne faut pas confondre le délai donné au défendeur pour
exercer son recours, avec le délai ordinaire
des ajournemens donné au garant pour comparaître. A l'un le temps d'assigner, à l'autre
le temps d'arriver.

Quand ces préliminaires ont été régulièrement observés, on peut mettre sus l'exception
dilatoire, et l'instance reste stationnaire tant
que le second, appelé par le défendeur, n'est
pas en demeure de prendre part aux débats.

Mais ce temps d'arrêt apporte souvent un
notable préjudice aux intérêts de la partie qui
a introduit l'action, et quelquefois c'est une
ressource à laquelle la fraude, l'opiniâtreté,
ou le désir de retarder la sentence, essaient
de s'attacher. Il est trop juste alors d'accorder
au demandeur principal le droit *de soutenir
qu'il n'y a pas lieu à surseoir.*

Art.

180.

Il n'y a pas lieu, si le garant a été appelé
trop tard, sauf au garanti à procéder séparément contre lui. Car l'action en garantie n'est
pas éteinte, parce qu'elle n'a pas été exercée
dans le délai de l'article 175; mais elle perd
son influence sur l'action principale, elle
ne l'arrête point, elle ne s'y joint pas (1).

(1) La garantie contient deux droits, ou deux actions

Art.

Il n'y a pas lieu, s'il est évident par les circonstances du fait, ou par d'autres preuves, que l'exception de garantie n'est que *tricherie pour gaigner du temps*, comme disait Beaumanoir. Il eût été bon de conserver dans le Code la disposition de l'ordonnance qui astreignait le défendeur à communiquer les pièces justificatives à l'appui de sa déclaration de recours en garantie ; par-là on serait mieux en état de connaître si ce recours a quelque fondement (1).

On a vu des gens attaqués en justice faire *tricheries* plus déloyales encore, annoncer hardiment, dès l'abord de la cause, qu'ils avaient appelé un garant, et requérir, pour sa comparution, un délai toujours fort long, en raison de l'éloignement. Puis il se trouvait, à la fin, que nul garant n'avait été assigné, et que cette allégation de recours n'était qu'un mensonge. Le Code prévoit ce cas ; il le punit par une condamnation à des dom-

distinctes : l'action d'assistance en cause, et l'action pour être relevé et indemnisé en cas d'éviction. C'est cette dernière action de pleine garantie qu'on peut poursuivre séparément, après le jugement de la demande principale. Vedel sur Catelan, liv. 5, chap. 43.

(1) Rodier, sur l'art. 6 du tit. 8, quest. 1re.

mages-intérêts. Je voudrais que l'avoué qui Art.
a signifié la fausse déclaration en supportât
la solidarité. Heureusement cette fraude se
commet rarement.

Je passe à d'autres hypothèses. Toutes les
conditions, toutes les formes, tous les délais
ont été scrupuleusement observés, et l'action
en garantie a été loyalement formée ; cependant les deux instances ne sont pas également
en état d'être jugées. L'instruction de l'affaire
principale a été simple et prompte, mais la
garantie a été contestée ; elle s'est compliquée
d'incidens, de vérifications, d'enquêtes,
multis ambagibus innodata. Le demandeur
originaire ne peut être enchaîné par ces re-
tards ; la loi lui permet de faire disjoindre les
instances, si la jonction avait été prononcée,
et de réclamer un jugement à part. Il n'est
point tenu, comme le voulait l'ordonnance (1), de donner préalablement avis
que sa cause est prête ; les parties doivent le
savoir, et les juges doivent le voir (2).

(1) Tit. 8, art. 13.
(2) Je ne puis croire, avec M. Bériat-St-Prix, que la
disjonction doive être prononcée d'office, lorsque le
demandeur n'use pas de la faculté qui lui est donnée.
Il faudrait donc dire aussi que l'exception de garantie

III.   25

Art. Des auteurs pensent que la disjonction est impossible quand il s'agit d'une garantie *formelle ;* ils disent que les deux instances sont comme si elles avaient été introduites *uno contextu ;* que leurs sources sont mêlées et confondues, et que le garant substitué au garanti qui s'efface sous son abri, est devenu l'unique et l'incommutable défendeur de tout le procès (1).

Rien de plus raisonnable que cette opinion, pour le cas où le garanti a été mis hors de cause. Mais c'est tout le contraire que la loi suppose, en disant que *le demandeur* 184. *originaire pourra faire juger sa demande séparément, si la demande en garantie n'est pas en état d'être jugée en même temps.* Certes il serait difficile de concilier cette disposition avec l'idée d'une fusion complète des deux instances, puisque l'une a marché plus vite que l'autre. Et si la question de garantie se discute encore, il est évident que le défendeur

doit être rejetée d'office, si le garant n'a pas été assigné dans le délai prescrit par la loi. Je ne vois dans cela rien qui tienne à l'ordre public.

(1) Voir M. Demiau, *Elémens de droit et de pratique,* pag. 149.

qui aspire à se faire garantir ne s'est point Art.
retiré du procès.

Les distinctions arbitraires déplacent et
énervent les principes ; elles y projettent une
sorte d'ombre tremblante qui ne permet pas
de saisir un point fixe. Le Code ne parle spécialement de la garantie *formelle* que dans
les art. 182 et 185, et de la garantie *simple*
que dans l'art. 183. Le reste du titre s'applique indistinctement à la garantie en général.
La Cour de cassation a jugé, le 17 novembre
1835 , « qu'en garantie *formelle*, lors même
que le garant a pris fait et cause pour le garanti, si celui-ci ne demande pas d'être mis
hors de cause , il n'est pas représenté dans le
procès par le garant (1). »

Quelquefois le délai de l'ajournement
donné au défendeur , et celui de son assignation en garantie , viennent échoir ensemble.
Voici un exemple : vous demeurez à Paris ;
on intente contre vous devant le tribunal de
Poitiers une action réelle ou mixte , ou même
personnelle si vous vous êtes soumis à sa juridiction (2) : vous avez un garant à mettre en

(1) Sirey , 35-1-251.
(2) Code civil, art. 111.

ART. cause : assurément vous trouverez dans le nombre de jours que donnent les myriamètres de Paris à Poitiers , plus de temps qu'il n'en faudra pour faire concorder l'échéance de votre assignation en garantie avec le terme auquel vous devrez vous-même comparaître. En ce cas , il n'y aura point d'exception dilatoire à proposer , point de motifs pour suspendre , puisque les parties citées de première et de seconde main se présentent simultanément à l'audience.

Cette matière de garantie mérite une attention particulière. Peut - être ne se rend-on pas généralement un compte assez éclairé de la nature de l'action récursoire , de son influence sur l'action primitive , des conditions qui les unissent , et des accidens qui les désassemblent.

Voici une question qui a été agitée devant plusieurs cours : il s'agissait de savoir si l'art. 153 du Code de procédure peut être invoqué lorsque le garant assigné par le défendeur originaire ne comparaît pas ; en termes plus explicites, s'il y a lieu de joindre à l'instance principale le profit du défaut prononcé contre le garant, et de le réassigner.

Dès l'année 1812 on avait jugé à Rennes

que l'art. 153 n'était applicable qu'aux dé- Art.
fendeurs originaires ; que la morosité d'un
garant ne pouvait retarder la décision de la
demande principale ; et que c'était à celui qui
l'avait assigné à poursuivre son recours par
action séparée (1).

Le tribunal de Montdidier avait également
considéré, en 1825, que l'art. 153 se rapportait uniquement au cas où, de plusieurs
défendeurs assignés par le même demandeur
et pour la même instance, les uns se présentaient, les autres ne se présentaient pas ;
et que la pratique du défaut-joint ne pouvait s'adapter à la non-comparution d'un
tiers ultérieurement appelé par le défendeur. Mais il existait dans la cause des
circonstances particulières : c'était au milieu
d'une procédure d'ordre, et longtemps après
l'expiration des délais, que l'exception de
garantie avait été proposée ; et les juges
avaient dû *préjudiciellement* la déclarer irrecevable.

Il y eut appel. On rapporte que l'appelant,
l'homme à la garantie, qui voulait ajouter

(1) M. Carré, *Lois de la procéd.*, t. 1, p. 370, aux
notes, et 479.

Art. les délais d'une jonction de défaut et d'une réassignation à ceux qu'il avait déjà obtenus, produisait à l'appui de ses prétentions une consultation de M. le professeur Demiau-Crouzillac (1).

Quoi qu'il en soit, la Cour d'Amiens se contenta de dire que les juges de première instance ayant, à bon droit, déclaré non recevable la demande en garantie formée après le temps fixé par la loi, *n'avaient* PU *prononcer un défaut profit-joint.* Des termes douteux de cet arrêt ne serait-il pas permis d'inférer que le *défaut profit-joint* aurait *pu* être prononcé, si la demande en garantie n'eût pas été tardivement intentée ?

La même difficulté, en admettant que ce soit une difficulté, s'est présentée le 28 juin 1835 à la Cour de Poitiers ; mais elle y a été franchement abordée, et nettement tranchée.

« Attendu que M. (le demandeur originaire) n'a dû assigner et n'a assigné en effet que G. seul (le défendeur); que si, dans le cours de l'instance, ledit G., de son côté, a cru devoir assigner en garantie la dame G. son épouse, cette demande n'ayant pu con-

(1) Journal des Avoués, t. 33, p. 162.

stituer la dame G. défenderesse à l'action de M., qui n'avait pas de conclusions à prendre contre elle, il n'a pu résulter de ce qu'elle a fait défaut, qu'il fût obligé de procéder à son égard suivant ce qui est prescrit par l'article 153 du Code de procédure. »

Vient ensuite la considération *à fortiori* tirée de ce que le recours en garantie n'ayant été exercé que dans un temps où l'instance principale était en état d'être jugée, on ne pouvait pas empêcher qu'elle ne le fût séparément.

Mais quelques années auparavant, en 1828, la Cour de Poitiers avait adopté une doctrine entièrement opposée; elle donnait au *défaut profit-joint* une prédominance tellement étendue, qu'elle obligeait le demandeur originaire à réassigner des garans qu'il n'avait point assignés.

L'espèce était autrement nuancée que celles qui viennent d'être rapportées.

La dame de Langrenière avait formé contre la veuve Frogier et les époux Monnier une demande en délaissement d'immeubles.

Ces derniers appelèrent à leur garantie plusieurs personnes; le recours fut exercé dans les formes et dans les délais du Code de

Art. procédure. Au jour de la comparution , quelques-uns seulement des appelés se présentèrent, les autres ne constituèrent point d'avoué. Le tribunal, statuant sur les conclusions respectives des parties , accueillit la demande principale de la dame de Langrenière , contre la veuve Frogier et les époux Monnier, puis condamna les garans, les uns contradictoirement et les autres par défaut.

La veuve Frogier et les époux Monnier interjetèrent appel, et conclurent à la nullité du jugement, pour violation de l'art. 153 auquel on n'avait pas songé en première instance.

Et la Cour : « Considérant que les dispositions de l'art. 153 du Code de procédure sont d'ordre public , puisqu'elles ont pour objet de prévenir les contrariétés des jugemens et d'activer la décision du procès ;

» Que cet article conçu en termes généraux s'applique à tous ceux qui figurent dans une même cause, en quelque qualité que ce soit; qu'en effet le défaut-joint a pour but de rendre le jugement contradictoire contre toutes les parties , et d'empêcher que les uns plaident par opposition au premier degré de juridiction , et les autres par appel au dernier degré ;

» Que la dame de Langrenière s'est contentée d'appeler devant le tribunal de Bressuire la veuve Frogier et les époux Monnier,
contre lesquels elle avait dirigé une action ;
que ces derniers ayant formé demande en
garantie contre plusieurs parties, ont dénoncé
ces diverses demandes par des actes judiciaires
à la dame de Langrenière, qui, en sa qualité
de poursuivante, était chargée de mettre la
procédure en état, et d'assigner non-seulement les défendeurs principaux, *mais aussi
les parties assignées en garantie qui avaient
à se défendre des demandes formées contre
elles ;*

» Considérant qu'à l'époque à laquelle a
été rendu le jugement dont est appel, toutes
les parties assignées ne comparaissaient pas ;
que quelques-unes d'elles n'avaient pas constitué avoué ; que le tribunal de Bressuire,
au lieu de se conformer à l'art. 153 précité,
a adjugé de suite le profit du défaut qu'il
prononçait la première fois contre les défail-
lans ;

» Qu'il suit de là que le jugement attaqué
a violé les dispositions de l'art. 153 du Code
de procédure, et qu'il y a lieu de prononcer
la nullité de ce jugement ;

» Déclare nul, etc. »

A mon avis, le tribunal de Bressuire avait jugé très-régulièrement.

Les auteurs du Code n'ont créé les dispositions de l'art. 153 que pour le cas où plusieurs personnes auraient été assignées aux *mêmes fins* et *par le même demandeur*. Or, ce n'est pas le demandeur principal qui assigne les garans du défendeur; c'est le défendeur lui-même.

De son chef, le demandeur n'a point d'action à former contre ces garans. Il y a connexité, si l'on veut, mais point identité entre les deux instances. Quand bien même elles auraient été *jointes*, dans l'espoir de les terminer ensemble par un seul jugement, elles peuvent toujours être *disjointes*, dès qu'il est justifié que la première se trouve plus tôt que la seconde en état d'être jugée.

La simultanéité des jugemens tient si peu à l'ordre public, que l'on voit tous les jours l'action en garantie n'éclore qu'après la décision du procès principal. Alors elle se fait *action principale* elle-même, elle passe par les préliminaires de l'essai de conciliation, et elle est portée devant le tribunal du domicile du garant, suivant la règle générale.

N'est-ce pas assez que d'obliger le deman- deur originaire à suspendre sa marche, et de lui imposer un certain nombre de jours d'attente, jusqu'au moment où devront comparaître les garans appelés par son adversaire ? Faut-il encore que cette période d'inaction se prolonge, parce que l'un d'eux ne répond point à l'appel? Faut-il, de plus, que le demandeur originaire soit tenu de laisser *joindre* à sa cause *le profit du défaut* encouru par des tiers, de lever, de signifier le jugement de *jonction*, de les réassigner, et de mettre dehors beaucoup d'argent pour agencer une procédure qui ne lui appartient pas ? Je prie qu'on me dise quelles conclusions il aura à formuler contre des gens avec lesquels il n'a point contracté, desquels il n'a rien à réclamer, et qui ne comparaîtront peut-être, en définitive, que pour contester la garantie. Il n'aurait eu aucun droit, aucun titre, aucune qualité pour les assigner, et l'on veut qu'il les réassigne !

C'est donner à l'exception de garantie une trop exorbitante faveur ; c'est une exagération qui s'ôte à elle-même tout crédit.

Je conçois que le défendeur, qui s'est con-

ART. stitué *demandeur en garantie*, fasse joindre à son action récursoire le profit du défaut prononcé contre ceux de ses garans qui ne se présentent pas, et qu'il les réassigne. C'est dans l'ordre naturel des idées et des choses; c'est le cas d'appliquer l'art. 153.

Mais la loi n'a point astreint le demandeur primitif à s'enchevêtrer dans ces évolutions. Que doit-il donc en advenir? La réassignation donnée aux garans ayant mis la demande en garantie hors d'état d'être jugée conjointement avec la demande principale, celle-ci sera jugée séparément, *sauf à faire droit* APRÈS *sur la garantie, s'il y échet.* C'est ce que dit l'art. 184.

Voici que l'on va m'objecter l'inconvénient d'une contrariété possible entre le jugement de la demande principale et le jugement de la demande en garantie. Je conviens de la possibilité; mais je n'ai qu'un mot à répondre : lisez l'art. 184.

Certes, ce n'est pas que les auteurs du Code aient méconnu les avantages qui peuvent résulter de l'unité et de la conformité des jugemens : leurs meilleures innovations tendent vers ce but, dans toutes les combinaisons de

procédure où la disposition des affaires permet
d'y arriver sans blesser trop grièvement les
droits des plaideurs.

Mais ne croyez pas que ce soit un principe
fixe, absolu, dominant. L'économie entière
de la loi offre une foule de conjonctures qui
portent en elles toutes les chances d'une contrariété de jugemens.

Les exemples ne manquent point.

Deux personnes ont été assignées pour le
même objet; la valeur du litige est au-dessous
de 1,000 fr. : toutes deux ont comparu d'a-
bord ; puis l'une d'elles n'a pas conclu. Or,
vous savez qu'il n'y a lieu ni à jonction, ni à
réassignation, quand toutes parties ont
constitué avoué. Le jugement sera contradictoire à l'égard de celle qui s'est défendue, et
par défaut *faute de défendre* contre celle qui
n'a pas conclu. La première, condamnée en
dernier ressort, n'aura aucune des voies ordinaires de recours ; la seconde pourra se
pourvoir par opposition et faire rétracter le
jugement pour ce qui la concerne. Et si vous
voulez supposer que le jugement n'a été
rendu qu'à la charge d'appel, l'une pourra
plaider par appel, au dernier degré de juri-

ART.

Art. diction, tandis que l'autre plaidera par opposition, au premier degré.

De deux parties condamnées ensemble,
l'une interjette appel et gagne son procès
devant la Cour ; l'autre n'appelle point et
reste sous le poids de la condamnation.

Dans toutes les causes où il y a communauté, mais non indivisibilité d'intérêts, une
nullité, une déchéance peuvent faire perdre
à l'un les avantages que l'autre obtient.

Enfin, et pour revenir à ma thèse, toutes
les fois que le législateur dit que deux causes
seront *disjointes* et jugées séparément, il
consacre la possibilité d'un discord entre les
jugemens. Les choses humaines ont des nécessités invincibles.

Suivant le droit romain, le garant appelé
dans la cause principale devait procéder devant la juridiction où cette cause était pen-
dante. C'était pour lui enlever tout prétexte de
dire ultérieurement que la défense originaire,
abandonnée à elle seule, avait été mal conçue
et mal présentée. *Venditor ab emptore denun-
tiatus ut eum evictionis nomine defenderet,*

dicit se privilegium habere sui judicis ; quæ- Art. *ritur an possit litem ab eo judice, apud quem res inter petitorem et emptorem cœpta est, ad suum judicem revocare ? Paulus respondet venditorem emptoris judicium sequi solere* (1).

L'ancienne jurisprudence française ne s'était point entièrement soumise à l'autorité de cette réponse. On distinguait : lorsque celui qui avait été assigné en garantie *déniait être garant*, il fallait le traduire devant le juge de son domicile pour y faire vider ce débat. Théveneau qui atteste cet usage cite un arrêt conforme rendu au parlement de Paris le 15 décembre 1572 (2). S'il avouait la garantie, le garant amené ne pouvait plus décliner et demander son renvoi : *Quòd si vocatus in garandiam susceperit defensionem causæ, id est*, s'il prend la garantie, *non potest excipere de foro, quia qui venit alium defendendum non potest allegare privilegium sui judicis* (3). Cependant Rebuffe tenait pour la loi romaine,

(1) *L.* 49, *ff. de judiciis et ubi quisque,* etc.

(2) *Comment. sur les ord.*, liv. 3, tit. 5, art. 1, pag. 697. Voyez aussi Bacquet, *des droits de justice*, ch. 8, n° 44, t. 1, p. 41, et les notes de Guénois sur Imbert, chap. 30, p. 139.

(3) Mazuer, *de dilationibus*, n° 17.

ART. dans tous les cas : *Etiam si conventus recu-saret sumere causam , adhuc tenctur coram judice primo causas dicere ob quas recusat* (1). Cette dernière opinion fut admise par les ré-dacteurs de l'ordonnance de 1667 ; elle a été transcrite très-fidèlement dans le Code de procédure : « Ceux qui seront assignés en garantie seront tenus de procéder devant le tribunal où la demande originaire sera pen-dante, *encore qu'ils dénient être garans.* » Il faut qu'ils viennent, *ut hoc ipsum scia-tur* (2).

Au temps de l'ordonnance, le cours de la justice était journellement détourné par les priviléges du *grand* ou du *petit sceau*, qui *commettaient* à diverses juridictions les causes d'une foule de plaideurs. J'ai donné dans mon Introduction (3) quelques détails sur ces priviléges, ou lettres de *committimus*, que Loiseau appelait l'oriflamme de la pra-tique, et que Henri IV voulait supprimer. Voici un exemple qui va me servir ici : des bourgeois de plusieurs villes jouissaient de la

---

(1) *Tract. de dilationibus*, art. 4, n⁰ 10.

(2) *L.* 2, *ff. si quis in jus vocatus*, etc.

(3) Tom. 1, chap. 7.

prérogative *de ne pouvoir être tirés hors des*
murs et clôtures de leurs cités, ni tenus de
plaider ailleurs, en défendant, pour quelque
cause que ce fût, s'il ne leur plaisait. Or, si,
remontant à ces jours où il ne restait presque
plus de droit commun, vous vous représentez
un bourgeois de la capitale appelé en garantie dans une instance originairement in-
troduite devant quelque sénéchal du midi ;
vous le voyez, par la vertu de son privilége,
entraîner au châtelet de Paris le demandeur,
le défendeur, et de plus le premier garant
amené, si, d'aventure, il n'était lui-même
qu'un arrière-garant.

Il est à remarquer cependant que le garant
privilégié ne pouvait pas requérir son renvoi,
lorsque le juge du privilége était inférieur à
celui devant lequel l'action principale avait
été portée. Il fallait que les deux juridictions
fussent d'un ordre égal, pour que le droit
de *committimus* pût être utilement invoqué.
Ainsi jugé par arrêt du Conseil, le 26 août
1669, en faveur des religieuses de Port-Royal.

Il n'y a d'autre privilége, aujourd'hui, que
cette prorogation légale de juridiction, qui
couvre l'incompétence personnelle, et qui
attire au siége de l'instance principale les

26

ART, demandes en garantie formées avec les conditions prescrites.

Mais la prorogation légale s'évanouit, quand la demande que l'on veut soumettre à l'influence attractive de l'action principale, n'est pas, de sa nature, dans les attributions du tribunal saisi de cette action. C'est qu'alors il y a incompétence *matérielle ;* et celle-là ne se couvre jamais (1) : le renvoi doit être prononcé, même d'office. Tous les auteurs rapportent pour exemple l'espèce d'une garantie exercée devant des juges de commerce, contre un huissier qui avait fait un protêt argué de nullité. La Cour de cassation a jugé que la matière n'était point de celles comprises dans la compétence commerciale, et qu'elle n'y pouvait être amenée par aucune voie (2).

Les cas de fraude font exception à toutes les règles. J'ai déjà dit que l'exercice d'une garantie n'était quelquefois qu'une *tricherie* imaginée pour enrayer l'instance originaire, et pour éloigner le jour d'une condamnation

(1) Introduct., t. 1, p. 93.
(2) Voyez les nombreux arrêts rapportés dans le Dictionnaire de M. Armand Dalloz, et dans la Table triennale de Sirey, v° *garantie.*

trop certaine; de même cette instance peut Art.
être une manœuvre concertée entre les deux
acteurs principaux , dans le dessein de traduire un tiers hors de sa juridiction.

Ainsi : vous avez la prétention d'être créancier d'un individu domicilié à Lyon, lequel
ne convient pas de la dette : c'est un procès
à entreprendre. Il serait beaucoup plus
commode de ne point vous déranger, de
plaider chez vous, à Poitiers , que d'aller
attaquer et combattre dans son *forum* l'habi-
tant des bords du Rhône. Mais la loi dis-
pose autrement. Il faut donc user de ruse ;
et, pour ce faire , vous paraissez avoir cédé
votre créance à quelque complaisant ami ,
et sous son nom vous faites la dépense d'une
assignation à Lyon. On y répond , comme
vous l'avez prévu , qu'il ne vous est rien
dû. Alors votre ami veut bien vous traduire
vous-même devant le tribunal de Poitiers ,
et y conclure à ce que vous soyez tenu de
lui restituer le capital et les intérêts de la
créance que vous lui aviez cédée , laquelle
n'a été ni payée ni reconnue. Sur quoi vous
appelez à votre garantie le débiteur dont
la mauvaise volonté vous expose à ces poursuites et à ces restitutions. Il devra se rendre

Art.

à votre appel, *encore qu'il dénie être garant ;* mais les juges de Poitiers le renverront à Lyon, parce qu'ils ne manqueront pas de voir que la demande originaire n'avait été formée que pour le distraire de ses juges naturels.

Ces principes s'appliquent tous les jours; à présent il n'y a plus de tribunal de commerce qui hésite à décider que celui qui n'a ni *créé*, ni *endossé*, ni accepté une lettre de change, ne peut, *sous le prétexte qu'il en doit le montant au tireur*, être assigné en garantie du paiement, devant le juge du domicile de ce dernier. On avait autrefois laissé prendre à l'abus la consistance et l'autorité de l'usage ; il a fallu plus d'un arrêt pour le démouvoir et pour l'extirper.

En d'autres circonstances, la fraude peut se trahir par une contre-lettre, une correspondance, ou se manifester par l'évidence du fait ; c'est aux magistrats que le législateur abandonne le soin de la saisir dans ses détours et dans ses déguisemens.

Ceci se résume en deux mots : Il faut trouver dans une loi, dans une convention, ou dans une reconnaissance, un principe de responsabilité et quelque germe de garantie à exercer contre un tiers, pour qu'il soit permis de l'appeler et de le retenir devant un tribunal Art. dont il n'est pas justiciable (1).

Considérée dans ses rapports avec l'instance primitive, la demande en garantie est une *exception dilatoire*, comme dit la loi ; ce n'est qu'un incident, une sorte d'épisode. Mais entre celui qui la forme et celui contre lequel elle est formée, c'est le premier pas de la poursuite, c'est véritablement une action principale qui doit subir, à ce titre, les deux degrés de juridiction. Le garant ne pourrait donc être amené de prime saut dans une cause d'appel.

Toutefois on agite encore la question de savoir si cette doctrine ne doit pas fléchir dans le cas particulier où la garantie est exercée, devant une Cour royale, contre un huissier, à raison de la nullité d'un exploit d'appel qu'il aurait signifié.

La difficulté est grave : elle a été plus souvent tranchée que résolue.

D'abord c'est à la Cour seule qu'appartient

---

(1) Si le tiers assigné en garantie ne demande pas son renvoi, les juges ne sont point tenus de le prononcer d'office. Je suppose ici que l'incompétence n'est que personnelle.

Art. l'examen et le jugement de la nullité d'appel. Ce point n'est pas contestable.

Si la nullité est prononcée, les dommages-intérêts encourus par l'huissier devront être proportionnés au préjudice causé.

Il y aura ou il n'y aura pas de préjudice, suivant que l'espoir du succès enlevé à l'appelant était ou n'était pas fondé. D'où suit la nécessité de vérifier s'il avait été bien ou mal jugé par les premiers juges.

Or qu'arrivera-t-il, si l'on veut que cette demande en garantie ne puisse être affranchie de la règle des deux degrés de juridiction ?

Deux hypothèses se présentent :

L'huissier demeure dans l'arrondissement des premiers juges. — Ne serait-ce pas une insultante déraison d'aller conclure devant eux à une condamnation de dommages-intérêts, qu'ils ne peuvent accorder qu'en se blâmant eux-mêmes, et en déclarant qu'à bon droit leur sentence aurait été réformée, si l'appel interjeté ne se fût point trouvé nul ?

L'huissier demeure dans le ressort d'un autre tribunal. — Serait-il moins étrange d'attribuer à ce tribunal la haute puissance de contrôler une décision rendue par des juges qui lui sont égaux en pouvoirs ?

Il paraîtrait donc plus conforme à la marche naturelle des idées, à la saine logique,
au bon ordre de la justice et à sa dignité,
de laisser aux magistrats supérieurs l'entière
connaissance d'un recours en garantie, dont
le germe est éclos dans la sphère élevée de
leur juridiction.

Mais voici qu'à ces considérations on oppose un texte formel, spécial. C'est l'art. 73
du décret du 14 juin 1813, *portant règlement
sur l'organisation et le service des huissiers ;*
il est conçu en ces termes :

« *Toute condamnation* des huissiers à l'a-
mende, à la restitution et AUX DOMMAGES-INTÉ-
RÊTS, pour des faits relatifs à leurs fonctions,
sera prononcée *par le tribunal de première
instance du lieu de leur résidence*, sauf le cas
prévu par le troisième paragraphe de l'article 43 (1), à la poursuite des parties inté-
ressées ou du syndic de la communauté, au
nom de la chambre de discipline. Elle pourra

(1) Le cas prévu par le troisième paragraphe de l'article 43 est celui d'une copie incorrecte et illisible signifiée par un huissier. L'amende encourue pour ce fait
peut être infligée par la Cour ou le tribunal devant
lequel la copie aura été produite. C'est une exception à
la règle.

Art. l'être aussi à la requête du ministère public. »

Cette disposition est sage. La conduite et les fautes d'un officier ministériel seront toujours mieux appréciées, mieux jugées, et plus justement excusées ou punies par le tribunal auprès duquel il exerce ses fonctions. Mais il est assez évident que les rédacteurs du décret ne songèrent guère aux encombres que leurs articles de compétence allaient jeter sur les degrés de la juridiction.

En 1828, la Cour royale de Bourges déclara un appel nul; l'huissier qui l'avait signifié était en cause, et il demanda la remise à une prochaine audience pour plaider sur la garantie. Au jour indiqué, l'huissier prétendit que la Cour était incompétente, et qu'il devait être renvoyé devant le tribunal de première instance de Paris, où il résidait. On répondit qu'il avait renoncé au moyen d'incompétence, en sollicitant lui-même une remise *pour plaider sur la garantie*, et que ce serait une confusion inouïe d'attribuer aux juges de Paris la censure d'un jugement rendu par ceux de Châteauroux. Mais la Cour de Bourges considéra que l'exception de l'huissier n'avait pu être couverte, parce qu'elle était d'ordre public, et se fondant sur l'art. 73

du décret de 1813, elle se déclara incompé- A<small>RT.</small>
tente (1).

Cette entente trop littérale du décret, si
elle était généralement adoptée, tournerait à
une déviation des principes sur lesquels reposent la constitution des différens corps
judiciaires et l'ordre hiérarchique de leurs
pouvoirs.

La question s'est présentée depuis à la Cour
suprême, mais l'espèce différait un peu.
C'était un appel de jugement interlocutoire
que l'on avait argué de nullité. Les appelans
avaient fait assigner l'huissier *instrumenteur*
devant la Cour de Dijon, afin d'obtenir contre
lui toute garantie : l'exploit d'appel fut annulé, et l'huissier condamné à les indemniser,
non-seulement des frais résultants de l'exception de nullité, mais encore *des suites de
l'exécution du jugement interlocutoire* qui se
trouvait inattaquable. Remarquez que l'huissier avait reconnu la compétence de la Cour,
en se bornant à soutenir qu'il ne devait aucune garantie.

Il y eut pourvoi, et la Cour suprême le rejeta par les motifs que l'on va lire :

(1) Journal des Avoués, t. 36, p. 88.

« Attendu que s'agissant d'une nullité commise dans un acte d'appel, la Cour royale devait statuer sur cette nullité à laquelle les intimés avaient conclu ;

» Attendu, quant au recours en garantie exercé par les appelans contre l'huissier qui avait signifié l'exploit d'appel, que cet officier ministériel pouvait, sans doute, invoquant le principe des deux degrés de juridiction, réclamer son renvoi devant un tribunal de première instance, puisqu'une demande en garantie est une demande principale ; qu'il avait le droit notamment, en vertu de l'article 73 du décret du 14 juin 1813, de demander son renvoi devant le juge de son domicile ; mais qu'il n'a pas usé de cette faculté, et qu'en défendant au fond, il a consenti à être jugé directement par la Cour royale ;

» Attendu que la nullité de l'appel entraînait la nullité de la procédure qui l'a suivi, et que les frais de cette procédure ont dû retomber à la charge de l'huissier qui l'avait occasionnée par sa faute ; qu'au surplus l'arrêt attaqué n'a rien préjugé sur la réparation du dommage causé ; qu'en renvoyant l'huissier, ainsi que les parties, devant les premiers juges, *sur les suites du jugement interlocutoire*

dont était appel , il a laissé à la justice l'appréciation de ce dommage , s'il existe , et à
l'huissier tous ses moyens de défense personnelle (1). »

On dirait, à la première vue , que cet arrêt
a dénoué la difficulté , et qu'il a parfaitement
coordonné les dispositions spéciales du décret, et les règles générales des attributions
juridictionnelles.

Mais observez que , dans l'espèce de l'affaire , il n'était pas possible de prendre une
autre direction. Il s'agissait de l'appel d'un
jugement interlocutoire , c'est-à-dire d'un jugement qui , *avant de faire droit au fond ,*
avait ordonné une preuve, une vérification
quelconque. L'appel étant annulé , c'était
comme s'il n'eût pas été interjeté, et l'exécution du jugement appartenait aux juges de
première instance qui l'avaient rendu. Or, on
ne pouvait savoir que par les *suites* de cette
exécution , ou , ce qui est la même chose, par
les résultats de la vérification , si l'appelant
éprouverait quelque préjudice de la nullité
de son appel ; car, supposez que la vérification ne lui ait pas été défavorable , vous con-

(1) Journal des Avoués , t. 39 , p. 192.

ART. viendrez qu'en définitive il n'aura point eu de dommages-intérêts à réclamer. L'application du décret du 14 juin 1813 était donc forcée.

Dans le cas de l'appel d'un jugement définitif, la Cour de Dijon, en annulant cet appel, cût-elle renvoyé au tribunal de première instance l'appréciation du dommage causé par la faute de l'huissier? Les termes de son arrêt permettent d'en douter.

Et si le renvoi n'eût pas été prononcé, l'arrêt aurait-il été cassé? Il est probable que la Cour suprême n'aurait pas moins rejeté le pourvoi par ce motif, que l'huissier, en défendant au fond, avait renoncé au droit d'invoquer l'article 73 du décret du 14 juin 1813, et consenti à être jugé directement par la Cour royale.

Au résidu : la jurisprudence n'offre encore à cet égard rien de précis , rien de positif. Ici l'on ne s'arrête point au décret du 14 juin, on n'en tient aucun compte; on semble ne connaître que l'article 1031 du Code de procédure, et on l'applique à tous les degrés, comme si le texte spécial du décret n'était pas venu depuis. Là on décide que l'huissier assigné en garantie sur l'appel doit être renvoyé, *même d'office* , devant le tribunal de sa rési-

dence ; ailleurs , l'infraction à la règle des ART.
deux degrés de juridiction se résout simplement en une incompétence *relative*, qui se
couvre et n'est plus écoutée dès qu'elle n'a pas
été le premier mot de la cause (1).

Il faut bien que je le dise : je ne puis as-
souplir mon esprit à cette doctrine, qui met
l'ordre des juridictions à la merci des plaideurs. Les tribunaux d'appel furent institués
pour prononcer sur les appels des jugemens
rendus en première instance (2) ; ils ne reçu-
rent point d'autres attributions touchant les
procès civils, en prenant la dénomination de
Cours d'appel (3), et plus tard celle de Cours
royales (4). Les appels sont *la matière* de leur
compétence ; par conséquent il y a incompétence *matérielle*, absolue, toutes les fois que
le magistrat supérieur retient et juge, hors les
cas d'exceptions écrits dans la loi, les *matières*

(1) Voyez les tables des recueils d'arrêts, v^is *degrés
de juridiction.*

(2) Loi du 27 ventôse an VIII, art. 22 ; Code de procédure, art. 809, 1023 ; Code de commerce, 51 , 52,
et 644.

(3) Sénatus-consulte organique du 28 floréal an XII,
art. 136.

(4) Loi du 20 avril 1810, art. 1.

Art. du premier degré, c'est-à-dire les demandes qui doivent originairement se produire et se formuler devant le magistrat inférieur. Le silence et même l'adhésion des parties n'y peuvent apporter aucun changement.

La chambre des requêtes de la Cour de cassation, dans un arrêt du 4 février 1829 (1), a considéré la règle des deux degrés de juridiction comme purement relative *à l'intérêt privé, à l'intérêt individuel des parties*, puisque, a-t-elle dit, il leur est permis, devant les juges de paix et devant les tribunaux de première instance, de consentir à être jugées en dernier ressort. A mon avis, la différence est grande : de ce que le consentement réciproque des parties peut ériger un juge inférieur en juge souverain, il ne s'ensuit pas qu'elles puissent de même faire d'un juge d'appel un juge de premier et dernier ressort. Sans doute rien ne s'oppose à ce que les plaideurs s'accordent pour reculer les bornes de la juridiction d'un tribunal inférieur, parce que ce n'est pas en conférer une nouvelle, ce n'est que développer en lui et étendre le germe

_____

(1) Journal des Avoués, t. 36, p. 255.

préexistant de son pouvoir (1). Mais vouloir Art.
se faire juger par une Cour royale sans passer
par le premier degré, c'est lui donner une
juridiction dont le germe n'existe pas encore,
et qu'elle ne peut acquérir que par un appel;
ce n'est pas proroger, c'est créer.

« Les Cours d'appel ont, il est vrai, la
plénitude de l'autorité judiciaire, disait M. le
président Henrion de Pansey; leur juridiction
est universelle, mais elle n'est pas *immédiate :*
bornées aux affaires dont la connaissance leur
est dévolue par la voie de l'appel, il y aurait
de leur part *excès de pouvoir*, si elles se per-
mettaient de statuer sur une demande principale qui n'aurait pas subi le premier degré de
juridiction (2). »

Je demande pardon si cette discussion me
rappelle les vieux appels de grief à venir, *à
futuro gravamine*, que l'on pratiquait du
temps de Bouteiller (3). Les juges royaux les
avaient mis en usage, comme un moyen de
dépouiller les justices subalternes, et d'accou-

(1) Voyez l'Introduction, chap. 6.

(2) *De l'autorité judiciaire*, chap. 29. Voyez aussi *les
Questions de droit* de M. Merlin, au mot *appel*, § 14,
art. 1.

(3) *Somme rurale*, liv. 2, tit. 14, p. 773.

tumer les peuples à recourir aux tribunaux
supérieurs. Le principe en venait d'une décision du pape Fabien : *Si quis judicem ad-
versum sibi senserit, vocem appellationis ex-
hibeat* (1). C'était, dit-on vulgairement, *appeler de la mine du juge ;* mais au moins
fallait-il l'avoir vue.

De ces prémisses trop étendues peut-être,
je conclus : 1° que les juges d'appel sont in-
compétens pour statuer sur une demande en
garantie portée devant eux, *omisso medio,* et
que le silence ou l'adhésion du garant, quel
qu'il soit, ne couvre point cette incompétence, parce qu'elle est matérielle, absolue,
radicale ; 2° que dans le cas particulier d'un
recours exercé contre un huissier, à cause de
la nullité qu'il aurait commise en signifiant
un acte d'appel, les condamnations ne peuvent être prononcées que par le tribunal de
première instance de l'arrondissement où il
réside ; 3° que néanmoins il appartient aux
juges d'appel seuls de statuer sur la nullité de
l'appel, et de déclarer la chance qu'il aurait
pu obtenir, s'il eût été régulier.

On va se récrier et dire qu'il y a implica-

(1) *Décret* 1, *part.* 2, *caus.* 2, *quæst.* 6, *caus.* 9.

tion dans ces conséquences, et que j'ai traversé quelques vérités pour me précipiter dans l'absurde. On va me demander le moyen de mettre ces conséquences en action, sans qu'elles se heurtent et s'entre-détruisent.

Voici comme je l'entends.

Vous êtes appelant; votre exploit d'appel est argué de nullité : c'est l'acte introductif d'une instance à la Cour royale, et c'est là que devra être jugée la question de nullité. A cet égard le doute n'est pas permis.

L'huissier est responsable de sa faute, *suivant l'exigence des cas ;* ce point n'est pas plus contestable.

Vous voulez être garanti du dommage qui peut vous en advenir.

Vous assignerez donc cet officier ministériel à comparaître devant la Cour, non pour le faire *immédiatement* condamner à vous payer des dommages-intérêts, au cas où la nullité serait admise, mais pour assister dans la cause, pour défendre la forme de son exploit, et pour qu'il ne vienne pas vous objecter, en définitive, qu'à tort vous vous étiez chargé seul de ce soin, et que vous vous en êtes mal acquitté.

Vous conclurez aussi à ce que la Cour

ART. veuille bien déclarer que le jugement dont vous aviez interjeté appel aurait été réformé, si cet appel eût été régulier, et vous demanderez acte de la réserve de tous vos droits et actions de garantie, à raison de la nullité, pour les exercer devant juges compétens.

Ces conclusions n'auront rien d'insolite; car les Cours qui croient pouvoir, après l'annulation d'un appel, statuer sur le fond de la garantie et sur les dommages-intérêts réclamés contre l'huissier, entrent nécessairement dans l'examen *du bien ou du mal jugé*, pour constater la vérité du préjudice et pour en apprécier les résultats.

La marche que j'indique me paraît conforme à la nature des choses, à la distribution légale des pouvoirs judiciaires, à la lettre et à l'esprit du décret.

Il est temps d'arriver au dénoûment de ces doubles instances qui tantôt se rallient et tantôt se divisent, où la bonne foi se veut faire absoudre et réconforter, et où la fraude s'efforce de retarder et de changer le cours de la justice.

Si l'action principale et l'action en garantie ont été disjointes et vidées séparément, il y

a eu deux jugemens qui s'exécuteront chacun ART.
à part, comme ils ont été rendus.

Mais je dois supposer, ce qui d'ailleurs est
le plus ordinaire, que les deux causes réunies
sont parvenues jusqu'à leur terme commun,
avec le demandeur originaire, avec le défendeur qui s'est, à son tour, constitué demandeur en garantie, et le tiers qu'il a fait assigner pour y répondre.

Le premier perd-il son procès? les deux
autres le gagnent à la fois, et il est condamné
envers eux à tous les dépens ; car son action
avait rendu nécessaire le recours en garantie.
Cet accroissement de frais doit tomber à la
charge du téméraire plaideur (1) : *Victus vic-
toribus in litis expensas condemnandus est.*

Autre hypothèse : Le demandeur originaire
obtient gain de cause, et l'action en garantie
est déclarée non recevable ou mal fondée. La
condamnation reste alors fixée tout entière
sur le défendeur, qui succombe des deux
côtés.

(1) Arrêt conforme de la Cour de cassation du 30
juillet 1832, *Journal des Avoués*, tom. 44, pag. 18. Cet
arrêt a sans doute été recueilli pour prouver que tout
ce qu'il y a de plus évident peut être aujourd'hui l'objet
d'un doute.

ART.

Enfin un troisième cas se présente : Les juges condamnent le défendeur; mais, faisant droit de son action récursoire, ils disent que le garant sera tenu de l'eximer, de le décharger de tous les effets de la chose jugée au profit du demandeur, et de l'indemniser des torts qu'il en pourrait éprouver.

C'est ici que reviennent les spécialités de la matière.

Comment les dispositions du jugement seront-elles exécutées ? L'exécution principale ira-t-elle immédiatement frapper le garant, ou bien l'atteindra-t-elle par le contre-coup des poursuites que lui renverra le garanti ?

Ces questions sont déjà résolues, si j'ai bien fait comprendre la différente nature de chaque espèce de garantie.

L'exception de garantie *simple* n'affecte un moment la cause où elle s'exerce, que sous le rapport du délai qu'elle procure au défendeur pour amener son garant ; mais l'intervention de celui-ci ne change point la personnalité de l'action et de la défense. Il s'ensuit que le jugement qui termine en même temps les deux instances, doit être exécuté comme s'il y avait deux jugemens, c'est-à-dire

que le demandeur prend les voies d'exécution
qui lui conviennent pour forcer le défendeur
au paiement de la condamnation, et que le
défendeur peut en user de même envers son
garant.

En garantie *formelle*, les parties s'agencent
autrement. Le garant se met à la place du
garanti ; et si le garanti se retire de la cause,
le demandeur y reste seul avec ce nouvel
adversaire qu'il est obligé d'accepter. Or, il
semble au premier aspect que le jugement
devrait être exécuté contre le champion qui
est venu se substituer au défendeur, se soumettre aux risques du procès, et le perdre.
Mais veuillez observer que le garant, ou le
vendeur, ne détient pas le fonds litigieux ;
qu'il a été appelé pour défendre l'acquéreur
contre une demande d'éviction, et que l'on
ne peut déposséder que la personne qui possède. Le jugement rendu contre le garant
formel est donc toujours *exécutoire* contre le
garanti, *en ce qui concerne l'éviction*, lors
même qu'il aurait été mis hors de cause (1).

ART.

185.

(1) Le jugement serait de même exécutoire contre le
garanti, dans le cas où le demandeur, au lieu de revendiquer le domaine, aurait prétendu et fait juger qu'il

Art.

Cette exécution directe contre le garanti n'exige point que le jugement soit, au préalable, déclaré commun avec lui. Il suffit que la signification lui en soit faite. S'il refuse d'obéir et de désemparer, on peut, en définitive, le contraindre par corps, ainsi qu'on le voit à l'article 2061 du Code civil.

Je viens de dire que le jugement est *exécutoire* contre le garanti, *en ce qui concerne l'éviction.* C'est que l'action principale était *réelle ;* c'était la propriété d'une chose que l'on revendiquait, sans considération de la personne aux mains de laquelle elle était passée. Cette personne qui n'était obligée envers le demandeur qu'à raison de la chose qu'elle détenait, et non autrement, qui s'était retirée de l'instance après son recours en garantie, est tout-à-fait libérée, dès qu'elle a subi l'éviction. Toutes les poursuites d'exécution contre le garanti ne pouvaient aboutir qu'à le forcer de désemparer le fonds, ou de le posséder avec la charge de certains droits réels, si tel était l'objet de l'action.

Mais en autorisant le demandeur à rentrer

lui est affecté par hypothèque, ou par un autre droit réel.

dans la propriété qu'il revendiquait, les juges
ont dû prononcer à son profit une condamnation de dépens, de dommages-intérêts.
Contre qui cette disposition du jugement
sera-t-elle exécutée ? Contre le garant seul (1).
A lui seul remontent les nécessités et les
torts du procès, soit qu'il ait vendu ce qui
ne lui appartenait pas, soit qu'il ait vendu
comme exempt de charges et de droits ce
qui était grevé d'hypothèques ou de servi-
tudes (2).

L'insolvabilité du garant *formel* n'aurait
pu fonder un motif légitime pour retenir en
cause le garanti (3) ; ce ne pourrait être une
meilleure raison pour faire rejaillir sur lui la
condamnation des dépens et des dommages-
intérêts. S'il n'est plus dans l'instance, c'est
que le demandeur principal ne s'est point
opposé à sa retraite, ou que l'opposition a été
écartée : dans le premier cas on a librement
reconnu, dans le second on a formellement
décidé qu'il ne devait être passible d'aucune

(1) Code civil, art. 1630, n° 3.
(2) Code civil, art. 1638.
(3) Voyez ci-dessus, p. 379 et 380.

ART. répétition, *quia nec contraxit, nec deliquit in judicio* (1).

Mais ce fut autrefois une question fort controversée que celle de savoir si le garanti pouvait se prévaloir de cette immunité, *lorsqu'il était resté partie au procès*, et que son garant se trouvait insolvable.

Rodier n'admettait point de distinction, parce que l'ordonnance n'en faisait point, et il pensait que, dans aucun cas, le garanti ne pouvait être passible des dépens (2). Boutaric disait bien aussi que l'insolvabilité du garant ne pouvait donner au demandeur principal le droit subsidiaire de se faire payer les dépens par le garanti, mais il supposait la condition que ce dernier aurait été mis hors de l'instance (3). Les commentateurs de l'ordonnance de 1539, qui avait servi de type à celle de 1667, étaient également divisés (4).

Or, la première rédaction de l'article 185

____

(1) *Faber*, sur la loi 1, *Cod. Ubi in rem actio exerceri debeat*.

(2) Sur l'art. 11 du titre 8 de l'ordonn. de 1667, quest. 2.

(3) Sur le même article.

(4) Voyez Imbert, liv. 1, chap. 20, et Theveneau, liv. 3, tit. 4, art. 2.

du Code de procédure ne contenait rien de ART.
plus que les anciens textes, et le champ restait ouvert à de nouvelles disputes. Mais le
Tribunat observa « qu'il fallait distinguer les
cas où le garanti avait été mis hors de cause,
et ceux où il y était demeuré. La raison veut,
ajoutait-il, qu'on soit beaucoup plus sévère à
l'égard du garanti qui ne s'est pas retiré de la
cause, parce qu'alors il a tout à s'imputer,
au moins à l'égard du demandeur originaire. »

Ces remarques amenèrent la seconde partie de l'article, qui, en cas d'insolvabilité
du garant, veut que le garanti soit passible 185.
des dépens, *à moins qu'il n'ait été mis hors
de cause.*

Rien n'est plus juste. Le défendeur qui,
après avoir appelé un garant, ne se désarme
point, combat à ses côtés, et succombe avec
lui, doit, à son défaut, payer les frais du
procès. Et pourquoi déciderait-on autrement
pour les dommages-intérêts, s'il a été auteur
ou complice du fait qui peut y donner lieu ?

Pour finir ce qui concerne cette matière,
je ferai remarquer ici que le droit de garantie
ne s'éteint point, quoique l'acquéreur se soit
laissé condamner sans appeler son vendeur

Art. dans l'instance, *à moins que celui-ci ne prouve qu'il existait des moyens suffisans pour faire rejeter la demande* (1).

Or, cette demande était purement *réelle ;* à ce titre, elle avait été portée et jugée au tribunal de la situation de l'objet litigieux, *forum rei sitæ.*

Mais l'éviction ayant été souverainement prononcée, le recours tardif de l'acquéreur qui s'est défendu seul ne peut plus tendre qu'à obtenir, s'il y a lieu, des restitutions de deniers, des indemnités ; et son action, devenue toute *personnelle* alors, ira se formuler devant les juges du domicile du vendeur.

Le garant, en général, a droit de faire valoir toutes les exceptions et toutes les défenses que le garanti n'a pas présentées, et de prendre toutes les voies qu'il a négligées. Cette proposition, si simple et si naturelle, n'est pourtant point exempte de difficultés : elles se rattachent plus particulièrement aux théories de l'appel. J'en dirai quelques mots en parlant *des personnes qui peuvent appeler.*

(1) Code civil, art. 1640.

J'ai déjà ébauché mes explications sur la communication des pièces, dans le chapitre *des délibérés et instructions par écrit.* Il reste des distinctions à faire.

Ce serait une déloyale inégalité dans la condition des plaideurs, que d'accorder à l'un la licence d'employer contre l'autre des pièces qui n'auraient pas été préalablement signifiées ou communiquées. Autant vaudrait abroger ce précepte d'éternelle sagesse, qui veut que nul ne puisse être condamné s'il n'a pu se défendre. L'instruction d'un procès se doit faire à ciel découvert, *ut nihil ex insidiis agatur* (1).

C'était à bon droit qu'un vieux magistrat du xv⁰ siècle se plaignait de ce que « aucuns voulussent faire de la justice, comme des saints et sacrés mystères qui ne se communiquent qu'aux prêtres (2). »

On pourrait reprocher aux rédacteurs du Code de procédure de n'avoir pas sanctionné

(1) Rebuffe, *Tract. de partium productionibus,* art. ult.

(2) Pierre Ayrault, lieutenant criminel d'Angers, *De l'ordre, formalité et instruction judiciaires,* etc., liv. 3, art. 3.

ART. par une disposition formelle le vœu de plusieurs cours, et de n'avoir pas *expressément* défendu aux parties de faire usage d'une pièce qui n'aurait pas été communiquée *quelques jours avant l'audience.*

Toutefois, il faut convenir que le principe se trouve implicitement dans la loi, puisqu'elle reconnaît aux parties le droit respectif de demander, par un simple acte, la commu-

188. nication des pièces employées contre elles, dans les trois jours où ces pièces auront été signifiées ou employées. Le droit de demander donne ici le droit d'obtenir, et nous devons penser que le législateur n'a point entendu qu'il serait permis de différer l'exhibition d'un titre jusqu'au milieu des débats de l'audience.

C'est le devoir des tribunaux surtout de veiller au maintien de nos traditions d'honneur et de délicatesse sur ce point, afin que chacun sache à quoi s'en tenir quand est venu le moment de la discussion, et que les plaidoiries ne soient pas hachées par ces aigres incriminations de surprise, et par ces petits incidens de remise. Comme les anciens juges du camp dans les tournois, ils doivent, avant d'ouvrir la barrière aux combattans, leur partager le soleil, inspecter leurs armes, et s'assurer qu'ils ne cachent rien qui puisse servir aux tromperies ou maléfices.

Il y a des époques différentes et des modes divers pour la signification et la communication des pièces.

Avant 1667, on attendait que l'instance fût liée. Mais l'ordonnance astreignit les demandeurs à faire donner, avec l'exploit d'ajournement, et *sur la même feuille ou le même cahier*, copie des pièces, ou de la partie des pièces sur lesquelles l'action était fondée (1).

C'est humanité et justice que de faire mettre sous les yeux du défendeur, en même temps qu'on l'assigne, les titres de son adversaire, pour l'éclairer sur les chances du procès, et peut-être sur le danger d'une résistance inutile. Cette disposition est reproduite dans le Code (2).

La notification des pièces se fait donc par le demandeur, avec le premier acte de la cause.

Quand le seuil du palais est franchi, le

Art.

65.

(1) Tit. 2, art. 6.
(2) Voyez le tom. 2, pag. 152 et 153.

Art.

moment vient de signifier les moyens de la défense. Or, la défense oppose ses titres aux titres de l'action, et cette juste réciprocité, qui nivelle les droits et les devoirs des plai-

77.

deurs, exige que le demandeur reçoive à son tour la communication des pièces employées pour lui répondre (1).

Mais *en plaidant le droit accroît*, et de nouvelles communications peuvent être demandées, parce que de nouvelles pièces peuvent être invoquées, dans le cours de l'instance.

Ce n'est pas toujours s'acquitter définitivement du devoir de communiquer, que de se borner à donner une copie ou un extrait des pièces.

Une copie, même entière, est quelquefois infidèle. La vieille écriture d'un titre a pu être mal déchiffrée, des mots ont pu être omis, des fautes ou des fraudes ont pu changer le vrai sens d'une clause. « Les copies collationnées ne laissent pas d'être suspectes d'altération ou de déguisement, disait M. de Lamoignon ; *il s'est trouvé des parties assez artificieuses pour couvrir d'encre les mots qui*

_____

(1) Voyez le tom. 2, pag. 271.

faisaient contre elles. Enfin, ce qui vient
d'une main ennemie est suspect. »

Les suspicions de M. le premier président
étaient peut-être trop générales, mais il n'en
fallait pas tant pour établir le droit et la nécessité de réclamer la communication d'une
pièce en original, quoique la copie en ait été
signifiée.

Ce droit et cette nécessité se font encore
mieux sentir, lorsque la copie n'a été donnée
que par extrait. *Edere non videtur qui stipu-
lationem totam non edit* (1). Ce n'est pas à dire
qu'il soit toujours indispensable de signifier
en entier des actes très-longs et dans lesquels
il y a des clauses qui ne se rapportent, sous aucune face, aux questions du procès. Les actes
contiennent souvent des traités différens sur
des points détachés et divers. Par exemple,
une demande formée pour le paiement d'un
legs particulier n'a pas besoin d'être accom-
pagnée de l'entière copie du testament; il suffit d'y joindre copie de la clause où se trouve
le legs, et de celle qui institue la personne
qui doit l'acquitter. Mais on conçoit que jamais on n'a pu laisser à la discrétion d'une

_____

(1) L. 1, § 4, ff. *de Edendo.*

ART. partie le choix des clauses qu'elle jugerait à propos d'extraire, et la faculté de mettre à l'écart ce qui contrarierait, ce qui détruirait son système d'attaque ou de défense. La représentation des titres originaux peut donc être toujours exigée. Je ne crois pas qu'il soit encore venu de controverse sur ce point.

On a sérieusement agité la question de savoir s'il y a lieu d'ordonner, en cause d'appel, la communication d'une pièce qui aurait été communiquée en première instance. Le doute serait raisonnable, si le même avoué suivait au deuxième degré de juridiction la partie qu'il représentait devant les premiers juges, ou s'il suffisait de défendre un appelant pour avoir le don de seconde vue.

La communication consiste ordinairement entre les avoués dans un simple échange des pièces contre un récépissé (1). Toutefois, celui qui doit communiquer a la faculté de le faire en déposant les pièces au greffe, d'où elles ne peuvent être déplacées sans qu'il y consente, à moins qu'il n'y en ait minute. C'est à lui qu'appartient le choix de l'un ou de l'autre de ces modes.

(1) Voyez le tom. 2, pag. 338.

La demande en communication est sou- vent une nécessité du procès ; quelquefois elle n'est qu'un prétexte qui tend à gagner du temps. Il fallait donner à l'exercice du *droit* des limites assez resserrées, pour que *l'abus* ne pût en tirer que le plus mince profit.

La communication doit être requise dans les trois jours de la signification ou de l'em- ploi des pièces.

Lorsque la communication est faite avec déplacement, c'est par le jugement qui l'a ordonnée, si pour l'obtenir il a fallu recourir au juge, ou par le récépissé qui la constate, si les avoués se sont amiablement entendus, que la durée de la communication est fixée. Le jugement et le récépissé sont-ils muets à cet égard ? les pièces ne peuvent être rete- nues plus de trois jours.

Toutefois, ces délais ne sont pas mesurés avec une rigueur telle qu'ils n'admettent aucune prorogation. La loi s'est contentée de manifester son esprit aux magistrats, et rien ne s'oppose à ce que, prenant en considération certaines circonstances, ils déclarent excusable un retard qui n'arrête pas trop la marche de l'affaire.

Vous avez vu, au chapitre *des Délibérés*

Art.   *et instructions par écrit* (1), comment on procède pour contraindre un avoué à rétablir au greffe *les productions* qu'il a prises en communication, et qu'il retient après l'expiration du temps prescrit. Il n'était pas moins indispensable d'assurer la remise des titres communiqués dans le cours des procès ordinaires. Le Code reproduit ici les dispositions de son article 107 , si ce n'est que les dix francs de

191.   dommages-intérêts par chaque jour de retard,

192.   sont réduits à trois francs , et que la voie d'appel n'est pas fermée à l'avoué condamné.

Cette différence pourrait s'expliquer par la nature des causes.

L'instruction par écrit n'est ordonnée que dans les cas où les titres sont trop multipliés, pour qu'il soit possible de saisir à l'audience leur génération, leur classement et leurs rapports. Ajoutez que les productions sont presque toujours d'une grande importance : c'est peut-être la collection entière des papiers d'une famille , comme lorsqu'il s'agit d'un lignage , et d'un vieil arbre généalogique auquel il faut rattacher ses branches ; ou bien encore, c'est un sac rempli de factures , de

_____

(1) Tom. 2, p. 340.

quittances et des pièces justificatives du Art.
compte d'une gestion longue et considérable.

Quant aux affaires qui se peuvent expédier par plaidoirie, les pièces communiquées
sont beaucoup moins nombreuses, et leur
importance ne s'étend guère au-delà de l'intérêt actuel du litige.

Cependant je pense que, pour ce qui concerne l'instruction par écrit, une autre préoccupation dut contribuer à cet accroissement de sévérité contre les avoués qui
retiendraient trop longtemps les *productions
communiquées*.

Force a bien été d'admettre qu'on *instruirait*
en écrivant, toutes les fois qu'il ne serait pas
possible *d'instruire* en plaidant. Mais nos lé-
gislateurs modernes, effrayés du mauvais
renom des anciens *appointements* jusqu'à
bannir le mot de leur Code, se sont particu-
lièremeut étudiés à prévenir et à réprimer,
par un système plus menaçant et plus harce-
lant, les longueurs décevantes qui transmet-
taient jadis à deux ou trois générations le
triste héritage d'un procès par écrit (1).

Dans les causes que le tour de rôle amène

(1) Voyez le tom. 2, p. 367 et suiv.

ART.

à l'audience, les communications de pièces n'ont point cette portée et cette extensibilité; les délais sont plus courts, les interpellations sont plus fréquentes, et la surveillance est plus immédiate.

Quel que soit le mode d'instruction, la remise des pièces données en communication peut toujours être demandée par la partie elle-même, et sans l'assistance de son avoué. La loi n'a point voulu imposer à ce dernier l'obligation trop dure de provoquer contre un confrère les rigueurs d'une condamnation par corps. Mettant à part cette raison de convenance, le Tribunat prévoyait une possibilité qu'il serait pénible d'admettre, celle d'un concert entre les deux avoués, qui rendrait la partie victime du retardement, s'il ne lui était pas permis de se pourvoir toute seule.

Mais voici une question qui n'a pas encore cessé d'être en état de controverse : Est-ce le président du tribunal, ou le tribunal lui-même, qui doit appliquer à l'avoué coupable les dispositions de l'article 191 ?

La difficulté tient principalement à la manière d'entendre le mot *ordonnance* que cet article emploie : « Si, après l'expiration du délai, l'avoué n'a pas rétabli les pièces, il

sera sur simple requête, et même sur simple ART.
mémoire de la partie, rendu *ordonnance* portant qu'il sera contraint à ladite remise incontinent et par corps, même à payer trois francs
de dommages-intérêts par chaque jour de retard, du jour de la signification de ladite ordonnance, outre les frais desdites requête et
ordonnance qu'il ne pourra répéter contre
son constituant. »

D'une part, on prétend que le président
seul rend des *ordonnances*, et que l'article
aurait dit qu'un *jugement serait rendu*, si
l'attribution eût été faite au tribunal entier (1); que d'ailleurs il serait malséant de
permettre à une partie de venir en audience
publique, sans être assistée d'un avoué, porter sa plainte et donner lecture de son mémoire (2).

D'autre part, on répond que le Code se
sert indifféremment des termes de *jugement*
et *ordonnance*, pour exprimer la même idée
et désigner le même acte; que l'article 329,

(1) Carré, *Lois de la procéd.*, t. 1, p. 449; Favard,
t. 2, p. 468; Demiau, p. 154; Dalloz, t. 7, p. 630.
(2) Thomines des Mazures, *Commentaire*, tom. 1er,
pag. 218.

ART. au titre *des Interrogatoires sur faits et articles*,
a donné le nom *d'ordonnance du tribunal* à
ce que l'article 325 venait d'appeler *jugement
rendu à l'audience* (1). On aurait pu trouver
un autre exemple dans l'article 809, au titre
des Référés ; la décision rendue par le président y reçoit, à la fois, les deux dénomina-
tions *d'ordonnance* et de *jugement.*

L'objection tirée de l'inconvenance qu'il
y aurait à laisser une partie se montrer seule
à l'audience pour redemander ses titres, n'est
pas fort grave. Lorsqu'une affaire s'instruit
par écrit, n'est-ce pas en audience publique
que le tribunal condamne l'avoué qui n'a pas
rétabli, dans le délai prescrit, les *productions*
107. qu'il a prises en communication? Or, la loi
dit formellement que cette condamnation
pourra être prononcée sur la demande de la
partie, *sans qu'elle ait besoin d'avoué*, et sur
un simple mémoire qu'elle remettra ou au
107. président, ou au rapporteur, ou au procureur du roi. Ce qui n'est pas malséant selon
l'article 107, ne saurait l'être selon l'article
191.

(1) Pigeau, t. 1, p. 194; le *Praticien Français*, t. 2,
p. 47; le *Journal des Avoués*, t. 7, au mot *communication de pièces*, n° 14, et t. 51, p. 395.

On objecte encore que ce dernier article A<small>RT.</small>
aurait exprimé, comme l'autre l'a fait, que
le jugement serait rendu sur un simple acte
pour venir plaider, si la demande en restitution de pièces eût dû être portée devant le
tribunal ; et que la mention isolée d'une requête, ou d'un mémoire à présenter de prime
abord, indique assez clairement qu'il faut
s'adresser au président, que c'est lui qui doit
statuer (1).

Je crois que cet argument pèche par une
fausse entente des articles cités.

La loi permet bien à un plaideur d'entrer
seul dans le prétoire, pour revendiquer ses
pièces ; mais elle ne lui défend point de se
faire accompagner, et de se pourvoir par
le ministère de son avoué, dès que celui-ci
n'éprouve pas de répugnance à poursuivre
sévèrement un confrère infidèle. C'est en supposant cette assistance d'un avoué, que l'article 107 parle du simple acte à venir plaider. Mais l'avoué se veut-il tenir à l'écart ?
il n'y a plus de signification possible d'*a-
venir* et de requête : alors le simple mémoire
de la partie suffit.

(1) Carré, *Lois de la procéd.*, t. 1, p. 499.

ART.

107.

Je sais que, dans les procès par écrit, l'avoué poursuivi pour le rétablissement des *productions* doit être mis en demeure par un premier jugement, qui punit le retard de chaque jour par dix francs de dommages-intérêts, avant qu'on le condamne par corps à de plus fortes indemnités et peut-être à une interdiction temporaire.

A part cette différence qui tient à la gravité progressive du châtiment, en raison de l'opiniâtreté du coupable, c'est toujours devant *le tribunal* que la réclamation doit être portée, pour obtenir le jugement unique de l'article 191, comme pour obtenir les deux jugements de l'article 107, soit que le plaignant élève sa propre voix, soit qu'il agisse par le ministère de son avoué.

M. Pigeau a fort bien remarqué qu'une condamnation ne peut émaner du président seul, si ce n'est en vertu d'une disposition spéciale de la loi. Et l'on voudrait, en y suppléant ici, lui donner le pouvoir de fulminer seul des sentences ou des ordonnances emportant la contrainte par corps !

Il faut remonter aux origines, il faut pénétrer dans l'intimité des conseils où les principes de la loi furent élaborés, où son esprit

fut révélé, où sa pensée fut définie, pour ART.
faire parler son silence.

Or, si vous voulez bien procéder ainsi, vous verrez que la rédaction primitive de l'article 191 disait qu'à défaut du rétablissement des pièces dans le délai prescrit, « il serait, sur requête *présentée au président du tribunal*, rendu ordonnance portant, etc. » Les Cours de Grenoble et de Dijon craignirent que ces termes ne fussent entendus dans le sens d'une attribution particulièrement faite au président ; elles en demandèrent le redressement, et elles observèrent « que les ordonnances de cette nature devaient être rendues *par le tribunal*, et non *par le président seul.* »

Cependant on n'avait pas songé aux embarras que pourrait faire naître la répugnance d'un avoué à présenter requête contre un membre de sa compagnie. Le projet et les observations des Cours laissaient tout-à-fait entier et absolu l'empire des règles touchant la postulation en justice.

Le Tribunat reproduisit la proposition qu'il avait déjà faite sur l'article 107, et, par analogie, il pensa que la rédaction de l'art. 191 devait être amendée comme il suit : « Si après

Art. l'expiration du délai, l'avoué n'a pas rétabli les pièces, il sera *sur simple requête*, et MÊME SUR SIMPLE MÉMOIRE DE LA PARTIE PRÉSENTÉ AU TRIBUNAL, rendu ordonnance portant qu'il sera contraint, etc. »

Ce changement fut adopté par le Conseil d'état, sauf les mots *présenté au tribunal*, qui ne se retrouvent point dans le Code ; mais il importe de noter que ces autres mots du projet : *présenté au président du tribunal*, disparurent également.

Effacer ce qui semblait offrir le caractère d'une délégation spéciale en faveur du président, c'était très-formellement reconnaître que la matière restait comprise dans là délégation générale que les tribunaux ont reçue. Car il y a bien longtemps que l'attribution universelle des tribunaux ordinaires a été proclamée une fois pour toutes (1), et l'attribution particulière du président a toujours dû être écrite dans la loi, pour chacun des cas où elle a été conférée.

Enfin on se retranche dans les usages de

(1) La création des tribunaux extraordinaires est une exception qui confirme la règle. Voyez l'Introduction, chap. 6 et 13.

la vieille pratique, et l'on se croit fort comme Art.
si l'on avait pour soi les Romains. Les anciens
usages gâtèrent les anciens règlements dont
les vues étaient bonnes en général, et les
étouffèrent sous un amas de honteux et ridi-
cules abus. Car l'esprit humain a des nuits
profondes qui détruisent souvent l'ouvrage
de ses jours.

Voici, par exemple, un ancien usage :

Les procureurs étaient contraints par
amendes et par corps à la restitution des
pièces qu'ils retenaient indûment (1). « Mais
au parlement de Toulouse, dit Rodier, les
procureurs qui sont mieux disciplinés, et qui
exercent leur ministère avec plus de loyauté
et de décence, ont coutume, après la huitaine
échue, de donner avis aux procureurs contraires de rendre le procès (les pièces communiquées), avant de requérir l'ordonnance
de contrainte. On n'exécute pas même ordinairement la contrainte par corps contre la
personne même du procureur, quoiqu'on
le pourrait, mais contre quelqu'un de ses
clercs. »

(1) Arrêts du parlement de Paris du 19 juillet 1689,
et du parlement de Toulouse du 4 septembre 1722.

Art.   N'êtes-vous pas émerveillé de la décence et de la loyauté de ces procureurs bien appris et bien disciplinés, qui, pour ne pas obéir et retarder d'autant la remise à laquelle ils avaient été condamnés, se faisaient représenter en prison par un clerc qu'ils détachaient de leur étude? N'était-ce pas un bel ordre de justice, un usage fort édifiant? Cela ne ressemblait pas mal à la dévotion des barons du moyen-âge, qui faisaient jeûner et flageller leurs valets, afin d'obtenir la rémission de leurs péchés.

Une autre difficulté s'est élevée : on a demandé si, nonobstant le texte de l'art. 2065 du Code civil, il y a lieu de prononcer la contrainte par corps contre l'avoué qui persiste à retenir les pièces communiquées, lors même que l'intérêt du plaignant paraît être au-dessous de 300 fr.?

Il est généralement vrai que l'attente d'une somme aussi modique ne peut avoir assez d'influence sur la fortune d'un créancier, pour qu'on lui abandonne en gage le corps de son débiteur. J'ai déjà eu occasion de le dire (1).

_____

(1) Tom. 2, pag. 529.

Mais cette disposition générale de la loi se laisse dominer quelquefois par des circonstances de fait et de position ; elle a dû céder surtout à l'étroite nécessité de punir énergiquement le manque de foi d'un officier ministériel. La condamnation par corps de dix francs (article 107) ou de trois francs (article 191), pour chaque jour qui s'écoule après le terme fixé, sans que les pièces aient été restituées, est moins un dédommagement accordé à la partie, qu'une peine infligée à la déloyale obstination de l'avoué.

Voyez, en outre, comment l'application de l'article 2065 du Code civil se pourrait accorder avec les exigences de l'article 191 du Code de procédure !

Il faudrait, pour se conformer au Code civil, estimer préalablement, apprécier, liquider en argent le dommage résultant du retard de l'avoué, et calculer la durée probable de sa mauvaise volonté. Les pièces resteraient aux mains infidèles qui les retiennent, et l'instance s'arrêterait pendant ces graves opérations ; ce serait encore une perte de temps dont l'évaluation devrait être comptée, afin de composer un capital éventuel, et de savoir si le tout pourra bien aller à trois cents francs.

Cependant le Code de procédure veut que sur simple requête, et même sur simple mémoire de la partie, il soit rendu ordonnance portant que l'avoué qui n'a pas restitué les pièces, *sera contraint* à les remettre INCONTINENT *et par corps*, etc. Il est donc évident que cette pressante coercition implique une dérogation particulière à la règle de l'article 2065 du Code civil (1).

---

(1) La demande en *communication de pièces* est placée, dans le Code, sous le titre des *Exceptions*. L'un des estimables rédacteurs du *Journal des Avoués* (t. 51, p. 391) a critiqué cette classification : 1° parce que les exceptions n'appartiennent qu'au défendeur, et que la communication peut être demandée *respectivement* par les deux parties ; 2° parce que les exceptions doivent être présentées à *limine litis*, et que rien ne s'oppose à ce que la communication soit requise en tout état de cause, même en appel ; 3° parce que les exceptions sont des *fins de non-procéder*, et que la communication est un moyen d'instruction, une fin de procéder.

Je pense qu'il n'est pas difficile de justifier l'économie de la loi ; je vais répondre suivant l'ordre de l'attaque: 1° Les exceptions n'appartiennent pas toujours au défendeur. Il peut arriver, par exemple, que l'exception

DES EXCEPTIONS DILATOIRES.   447

L'article 192 permet à l'avoué condamné de former opposition, s'il n'a pas été en- Art.

de garantie soit proposée par le demandeur originaire (voyez ci-dessus, pag. 375). 2° Les exceptions dont le motif ne surgit qu'après l'engagement des parties sur le fond, sont proposables en tout état de cause. Telle est quelquefois l'exception de connexité (voyez ci-dessus pag. 248-251 et 372). L'exception d'incompétence *ratione materiæ* peut être présentée pour la première fois, même en appel. 3° La demande en communication suspend la marche de l'instance jusqu'à ce que les pièces aient été communiquées, et jusqu'à ce qu'elles soient restituées, lorsqu'il y a eu déplacement. La communication n'est un mode particulier d'instruction et un moyen de procéder, que dans les procès par écrit. Dans les procès ordinaires, c'est une exception ; la loi a eu raison de le dire.

Mais cette exception est-elle une *exception dilatoire?* Le législateur ne l'a point qualifiée ; il en a même fait un paragraphe séparé.

Toutefois son objet avoué, direct, est d'obtenir un délai pendant lequel on verra, on examinera, on délibérera, on avisera. L'exception dilatoire n'a pas d'autre but et d'autres caractères. La demande en communication est une exception aussi franchement *dilatoire* que la demande d'un délai pour faire inventaire et délibérer ; le plus ou le moins d'étendue dans le délai ne change pas la nature des choses.

C'est l'opinion de tous les auteurs, et je n'ai rien trouvé qui dût me dispenser de la suivre.

Art. tendu, et l'appel ne lui est point interdit, comme dans l'article 107. J'ai déjà dit la raison de cette différence (1).

(1) Ci-dessus, pages 434 et 435.

CHAPITRE XV.

DE LA VÉRIFICATION DES ÉCRITURES.

Tout ce qui tendait à écarter l'action, à la déplacer, à la neutraliser, à suspendre sa marche ou à différer ses effets, est épuisé. Le défilé *des exceptions* est franchi ; nous entrons dans la voie *des défenses*.

Les défenses attaquent le fond du droit, afin de le détruire, de l'anéantir sans retour.

Mais le droit naît du fait. Si les parties s'accordent sur le fait, la question du procès se réduit à l'application du droit. Le fait est-il contesté ? il faut tâcher de l'établir avant de s'occuper du droit, c'est-à-dire qu'il faut venir d'abord aux preuves.

Les preuves judiciaires sont de deux sortes : la preuve *littérale* et la preuve *vocale*. *Duæ sunt præcipuæ, maximæ probationum species, instrumenta et personæ* (1). Le témoignage des

---

(1) Cujas, *in Parat. ad Tit. Cod. de probat.*

III.   29

Art. hommes est leur source commune, car nous ne pouvons connaître ce qui se passe loin de nous, ce que nos sens ne perçoivent pas, que par les écrits ou les paroles d'autrui.

Ce mot *preuve* a quelque chose de trompeur. Il semble que ce qui s'appelle ainsi possède une vertu suffisante pour déterminer la croyance ; mais on ne doit entendre par là que le *moyen* dont on se sert pour montrer la vérité d'un fait, moyen qui peut être bon ou mauvais, complet ou incomplet.

On a vu dans l'Introduction de cet ouvrage (1) comment la preuve *vocale* était tombée en discrédit, à mesure que l'art d'écrire avait fait des progrès. Plus ne fut dit : *Témoins par vive voix passent lettres ;* bien au contraire, défenses furent faites de recevoir preuve de vive voix, contre et outre le contenu aux lettres.

La principale utilité des preuves *littérales* fut de remplacer des souvenirs fugitifs et douteux par des signes permanens, et de *monumenter* la certitude actuelle d'un fait.

Ainsi, « pour obvier à la multiplication des faits sujets à preuve de témoins, et repro-

(1) Chapitre 9.

ches d'iceux, dont advenaient plusieurs inconvéniens et involutions de procès, » l'ordonnance de Moulins, donnée en 1566, voulut que toutes conventions de choses excédant
la somme ou valeur de cent livres fussent arrêtées par écrit. Ce fut l'œuvre du chancelier
de l'Hôpital, qui mit tant d'ardeur et de
sagesse à la réformation de la justice.

Non-seulement les preuves écrites terminent les procès plus vite et plus sûrement,
elles servent encore à les prévenir ; c'est un
remède anti-litigieux, comme disait Bentham.

Cependant il est arrivé que les lettres ont
été altérées, faussées, corrompues ; elles ont
été déniées, chicanées, impugnées, comme
la vive voix des témoins. Il a donc été nécessaire d'établir des épreuves et des règles pour
la vérification des écritures.

Les écritures produites comme titres en justice, sont *authentiques* ou *privées.*

Les titres ou les actes authentiques sont
ceux qui ont été reçus par des officiers publics
et compétens, avec les solennités requises (1).
Ils ont le privilége de faire pleine foi des

(1) Code civil, art. 1317.

ART. clauses et des énonciations qu'ils renferment,
et cette foi ne peut être ébranlée par une
simple dénégation. Il faut, pour les atteindre,
sortir des lignes de la défense ; il faut une attaque plus directe, plus énergique ; il faut
s'inscrire en faux, et se lancer au travers des
formes spéciales et difficiles d'une poursuite
souvent dangereuse. Ce sera la matière du
chapitre suivant.

L'acte sous seing privé ne fait preuve que
lorsqu'il est reconnu par la personne à laquelle on l'oppose (1). Cette personne, en
supposant qu'elle ne veuille pas le reconnaître, n'est point obligée de l'incriminer,
de s'inscrire et de se mettre à la poursuite du
faux ; elle peut se contenter de désavouer l'é-
criture ou la signature. Il n'est pas même
besoin d'une dénégation formelle, si la pièce
est produite contre l'héritier ou l'ayant-cause
de celui dont on prétend qu'elle émane : une
simple *méconnaissance* suffit. Nul n'est tenu
de désavouer ce qui ne lui est pas attribué.

Alors c'est comme un fait allégué d'une
part et dénié de l'autre. L'obligation de prouver la vérité de l'écrit tombe naturellement

_____

(1) Code civil, art. 1322.

sur le plaideur, auquel il sert de titre. Nos plus vieux livres l'avaient déjà dit : « Quant ancun est ajourné à se lettre, et il nie pardevant juge qu'il ne bailla oncques chelle lettre, et que che n'est pas ses sceaus, il convient que le demandier le prueve (1). »

ART.

Mais, de nos jours, parmi les jurisconsultes et les magistrats, il en est qui veulent créer une exception à ce principe consacré par la justice de tous les âges. Il s'agit de savoir si la vérification d'un testament olographe doit être mise à la charge du légataire qui le produit, ou de l'héritier qui le méconnaît.

On disait, dans la nouveauté de cette controverse, qu'un testament olographe était plus qu'un acte sous signature privée, que c'était un acte solennel; et l'on citait, à l'appui, ce texte de l'article 289 de la Coutume de Paris : « Pour réputer un testament *solennel*, est requis qu'il soit écrit et signé du testateur ou qu'il soit passé devant deux notaires, etc. » D'où la conséquence que le testament olographe, comme le testament authentique, n'aurait pu être atteint que par une inscription

(1) Beaumanoir, sur les *Coutumes de Beauvoisis*, chap. 35.

Art. de faux ; ce qui eût été beaucoup trop prouver, car la solennité du testament olographe, même en la Coutume de Paris, était chose douteuse et tenue en suspens, tant que les héritiers du testateur n'en avaient pas reconnu l'écriture, ou que le légataire ne l'avait pas fait vérifier (1).

Cependant la question se réduisit à des proportions moins ambitieuses. On ne parla plus de la solennité intrinsèque du testament olographe ; mais on fit cette distinction : le légataire est tenu de demander la délivrance (2), ou il est saisi de plein droit (3). Dans le premier cas, on trouva bon de mettre à sa charge la vérification de l'écriture *méconnue ;* dans le second, on prétendit que la vertu spécifique de la *saisine* rejetait cette charge sur l'héritier *méconnaissant.*

La faveur de ce raisonnement n'a pas duré : c'était tourner dans un cercle vicieux. Tout

---

(1) Ferrière, sur la *Coutume de Paris*, art. 298, glose 2ᵉ, nᵒ 15 ; Bourjon, *Droit commun de la France et de la coutume de Paris*, t. 2, p. 203 ; voyez aussi Pothier, *Traité des donations testamentaires*, chap. 1 ; art. 2, § 3.

(2) Code civil, art. 1004.

(3) Code civil, art. 1006.

héritier capable de succéder, qu'il soit ou
qu'il ne soit point héritier *à réserve*, n'est pas
moins saisi de plein droit des biens du défunt (1). Le droit de l'héritier est dans la loi ;
celui du légataire dérive du testament. Mais il
faut que ce soit un vrai testament, pour que
la saisine testamentaire efface la saisine légale. Si le droit de l'héritier était contesté, ne
devrait-il pas faire apparoir de son lignage et
de son degré? Pourquoi donc le légataire dont
le titre n'est pas reconnu, serait-il dispensé
d'en prouver la vérité ?

Enfin, on s'est retranché dans l'hypothèse
d'un légataire envoyé en possession par le
président du tribunal (2). Alors, dit-on, les
rôles sont changés ; le légataire a titre et possession ; son titre est revêtu d'un caractère et
d'une forme d'exécution qui l'élève au-dessus
de la classe ordinaire des actes privés. L'héritier collatéral qui veut le déposséder devient
demandeur ; il doit, en cette qualité, prouver
le fait sur lequel sa demande est fondée,
c'est-à-dire la fausseté de l'écriture et de la
signature du testament. Telle est l'opinion de

(1) Code civil, art. 724.
(2) Code civil, art. 1008.

ART. M. Toullier (1), et la Cour de cassation l'a consacrée par ses arrêts. Voici les motifs de celui que je crois le plus récent :

« Attendu que, lorsqu'il n'y a pas d'héritiers à réserve, le légataire universel est saisi de plein droit, à la charge seulement, dans le cas où le testament est olographe ou mystique, de se faire envoyer en possession par justice, dans la forme prescrite par le susdit article 1008 ;

» Que les héritiers légitimes, autres que ceux à réserve, ne sont saisis de plein droit par l'article 724, que lorsqu'il n'y a pas de testament qui institue un légataire universel, sans distinction du testament olographe, mystique ou authentique ; que si c'est par un testament olographe, ce légataire universel n'est tenu par la loi qu'au dépôt du testament entre les mains du notaire commis par l'ordonnance du président du tribunal, et à demander son envoi en possession ; que lorsque ces diverses formalités ont été remplies, le légataire universel se trouve, par cela, avoir la saisine de droit et de fait des biens composant l'hérédité ; que si les héritiers légitimes, dont parle

(1) Tom. 5, n° 503.

l'article 724, dénient ensuite l'écriture et la
signature du testateur, ce ne saurait être à
l'héritier testamentaire, qui a tout à la fois la
saisine de droit et celle de fait, à prouver la
sincérité de l'acte, lorsqu'aucun fait de sus-
picion grave, de nature à porter atteinte au
caractère de ce titre, déclaré exécutoire par le
juge, n'est constaté, ni même allégué au procès, et qu'il n'existe, comme dans l'espèce,
qu'une simple dénégation vague de l'écriture,
faite longtemps après les notifications du testament et de l'acte de dépôt. »

Ces prestiges de la saisine testamentaire et
de l'ordonnance qui la consacre ne me sédui-
sent pas. L'arrêt de la Cour suprême m'ap-
paraît plutôt comme une modification que
comme une interprétation de la loi.

Il me revient toujours que la saisine du légataire n'est qu'une exception aux principes
préexistans de la saisine de l'héritier ; que
toute exception doit être justifiée par celui qui
la propose, et que le légataire est tenu de
prouver sa qualité, comme l'héritier lui-même
serait tenu de prouver la sienne, si elle n'était
pas avouée. L'article 1006 du Code civil ne
comporte aucune dispense à cet égard.

Tout ce que prouve l'envoi en possession,

Art. c'est que l'on a présenté à M. le président un écrit en forme de testament ; que son ordonnance a été rendue sans vérification, sans contradiction, aux risques et périls de celui qui l'a requise, et sous la condition, qui n'avait pas besoin d'être exprimée, de la sincérité du titre.

Le *Journal des Avoués* tire de l'arrêt ci-dessus cet enseignement, que le légataire universel doit faire les diligences les plus empressées pour présenter le testament olographe qui l'institue, se mettre en mesure au plus vite, et se faire envoyer immédiatement en possession, afin de n'être pas obligé de faire procéder à la vérification (1). C'est donc à dire que la solution de cette grande question *de principe* se réduit à savoir, en définitive, lequel a mis le plus de rapidité dans sa course, ou du légataire pour obtenir l'ordonnance, ou de l'héritier pour s'y opposer.

On craint peut-être qu'un collatéral mécontent ne veuille trop souvent susciter au légataire les embarras et les difficultés d'une vérification. Mais n'y a-t-il pas aussi quelque inconvénient à décider qu'il suffit de se dire

(1) Tom. 43, pag. 745 et suiv.

légataire pour être réputé un véritable légataire , et qu'il suffit de présenter un écrit
dressé comme un testament , pour que cet
écrit soit réputé un véritable testament? On
croit apparemment que les faussaires sont
devenus très-rares !

Il n'y a point, à mon avis, de présomptions
ni de fictions qui puissent faire fléchir cette
maxime née de la nature et de l'essence
même des choses : *Ei incumbit onus probandi
qui dicit.* Vous dites que vous êtes légataire ,
c'est donc à vous à le prouver. Cet œuvre de
mystère que vous vous empressez d'exhiber,
ce testament rédigé sans assistance d'officiers
publics ou de témoins , n'est pas reconnu par
l'héritier ; prouvez donc qu'il fut écrit et signé par celui que vous appelez le testateur (1).

Cette jurisprudence nouvelle , qui se laisse
nuancer par des reflets de circonstances, de
probabilités et de considérations, n'est point
aussi bien établie que l'affirment quelques
collecteurs d'arrêts. Le temps, critique ad-

(1) C'est la doctrine de M. Merlin , *Répert.* , t. 17 ,
p. 770 et suiv. ; de M. Dalloz, *Jurisprudence générale* ,
t. 5 , p. 658 ; des auteurs du *Journal de procédure* , t. 2 ,
p. 275 et suiv.

ART. mirable, *res enim sapientissima tempus* (1),
le temps redira que la vérification de *tout*
écrit méconnu, comme la preuve de *tout*
fait dénié, doit être, sans distinction ni exception, à la charge de toute partie qui le
met en avant.

En thèse générale, c'est dans le cours d'une
instance, et lorsqu'un écrit sous signature
privée est dénié ou méconnu, que la partie
qui veut s'en prévaloir devient obligée de le
faire vérifier.

Cependant il se fait quelquefois qu'un
créancier dont le titre n'est pas encore échu,
s'inquiète des difficultés qu'il pourra rencon-
trer plus tard pour le faire reconnaître, soit
parce qu'il lui est venu des motifs de défiance
contre le débiteur, soit parce qu'il craint que
les moyens de vérification ne s'échappent,
soit à raison de toute autre préoccupation
bien ou mal fondée. Alors la loi lui permet
d'assigner, pour avoir acte de la reconnaissance, si l'écrit n'est ni dénié ni méconnu, et
193. dans le cas contraire, pour faire ordonner la
vérification. Cette demande n'est point sou-

(1) Bâcon, *Aph.* 32.

mise à l'essai préalable de la conciliation. Le Art. délai de comparution est fixé à trois jours. C'est une abréviation toute légale qui fait exception à l'article 72 du Code ; il n'est pas besoin de se la faire accorder.

Le défendeur vient-il dénier ou méconnaître l'écriture ? on procède à la vérification, ainsi qu'on le verra ci-après, et, s'il succombe, il est condamné aux dépens, selon la règle ordinaire. Ne comparaît-il point ? le tribunal tient l'écrit pour reconnu. Ici ne s'applique pas l'article 150, qui veut que les conclusions du demandeur soient trouvées justes, avant de lui être adjugées. Le défaut échéant, la présomption est en faveur de l'écrit, et les juges ne peuvent pas le faire vérifier d'office, car ils ne pourraient ni le dénier ni le méconnaître d'office. Si la partie assignée se présente et reconnaît son écriture, ou celle attribuée à son auteur, le jugement en donne acte. C'est une sécurité que le demandeur s'est procurée ; il doit la payer. Tous les frais resteront à sa charge, même ceux de l'enregistrement de l'écrit, qui ne pouvait se montrer en justice sans être revêtu de cette formalité. Celui qui doit n'a aucun intérêt à ne pas reconnaître l'engagement qu'il a souscrit ; mais on

ART. ne peut lui demander rien de plus avant l'exigibilité de sa dette, et l'on ne saurait admettre, comme présomption générale, qu'il ne l'acquittera point, afin de lui faire supporter par anticipation une dépense que son exactitude rendra peut-être inutile.

Supposons maintenant qu'après l'expiration du terme, le débiteur ne se soit pas libéré : devra-t-il être condamné à restituer le coût de l'enregistrement que le créancier avait été obligé de débourser pour obtenir le jugement de reconnaissance ?

Les Codes sont muets sur ce point. L'article 2 d'une loi du 3 septembre 1807 a rempli cette lacune, en disant que les frais d'enregistrement seront à la charge du débiteur, *tant dans le cas où il aura dénié sa signature, que lorsqu'il aura refusé de se libérer après l'échéance ou l'exigibilité de la dette.*

Cette disposition est de toute justice : il est fort indifférent que le titre ait été enregistré d'avance, puisque le défaut d'acquittement et la régularité des poursuites auraient, en définitive, rendu cette formalité nécessaire. La précaution se trouve justifiée par l'événement.

Mais l'objet principal de cette loi du 3 sep-

tembre 1807 fut de réparer une autre omission, et de remplir un vide plus dangereux.

L'article 2123 du Code civil avait répété la
disposition de l'article 3 de la loi du 11 brumaire de l'an vii, qui faisait résulter l'hypothèque judiciaire de la reconnaissance ou de
la vérification faite en jugement d'une obligation écrite sous seing privé; mais il n'avait
pas plus distingué que son modèle, le cas où
cette reconnaissance est faite *avant* l'époque
de l'exigibilité, et celui où elle est faite *après*.

Or, des doutes s'élevèrent sur le point
de savoir si, lorsque le jugement était rendu
par anticipation, il devait produire une hypothèque anticipée.

L'ancienne législation n'offrait là-dessus
d'autres précédens qu'une déclaration du 2
janvier 1717, ainsi conçue :

« Voulons que toutes personnes qui ont
précédemment obtenu des sentences, jugemens et arrêts, et qui pourront en obtenir
dans la suite, sur exploit d'assignations données avant l'échéance des billets, lettres de
change, et de toute autre sorte de billets et
promesses passés par marchands, négocians,
banquiers et autres particuliers, faisant trafic

ART.

et commerce de denrées et marchandises, ne puissent prétendre avoir acquis, ni acquérir en vertu desdites sentences, jugemens et arrêts, aucune hypothèque sur les biens et effets des débiteurs. »

Cette déclaration avait été particulièrement donnée pour les intérêts du commerce, *afin d'empêcher le trouble parmi les marchands et l'altération de leur crédit, et afin qu'il ne fût porté préjudice à ceux qui se pourvoiraient seulement après l'échéance des termes.* On concluait de cette spécialité que, dans les matières ordinaires, le jugement qui par avance donnait acte de la reconnaissance d'une écriture privée, donnait en même temps une garantie hypothécaire et le droit de prendre inscription sur tous les immeubles du débiteur, quoique son obligation ne fût pas encore exigible.

On s'appuyait pour le décider ainsi, sur la loi 14 ff. *de pign. et hypoth.* : *Quæsitum est, si nondum dies possessionis venit, an et medio tempore persequi pignora permittendum sit? Et puto dandam pignoris persecutionem, quia interest meâ.* A mon avis, il ne s'agissait point de l'hypothèque dans cette loi, mais du gage proprement dit (1), que le créancier avait droit de se faire remettre avant l'échéance du terme. Suivant notre vieux droit français, l'hypothèque s'attachait d'elle-même à toute convention, pourvu qu'elle fût consacrée solennellement par un acte passé devant notaires, ou par l'intervention de la justice ; ce qui pouvait être, comme la loi romaine, un prétexte, mais non pas une raison de juger en faveur du créancier.

En l'an XI, après l'introduction du nouveau système hypothécaire, la question fut agitée devant la Cour d'appel de Lyon et résolue en ces termes : « Attendu que celui qui a terme ne doit rien ; que, si l'on pouvait faire prononcer la reconnaissance d'un billet sous seing privé avant son échéance, et prendre inscription en vertu du jugement qui interviendrait, le créancier chirographaire serait traité plus favorablement que le créancier hypothécaire, ce qui est contraire à l'esprit de la loi, et que d'ailleurs la convention des parties de ne donner et de ne recevoir aucune hypothèque serait détruite. »

Au mois de janvier 1806, la Cour d'appel

_____

(1) *Propriè pignus dicimus quod ad creditorem tran-*

ART. de Paris jugea de même : « Attendu que la demande de Hodin tendait à lui conférer une hypothèque résultante d'un jugement qui aurait tenu pour reconnues les signatures étant au bas des billets souscrits à son profit par les sieur et dame Lance, et ce, avant l'exigibilité d'aucun desdits billets ; que, dans pareille circonstance, le débiteur doit être réputé n'avoir pas voulu donner d'hypothèque à son créancier, à moins qu'à l'échéance les billets ne fussent point acquittés ; comme aussi le créancier est censé s'être contenté d'un engagement sous seing privé, sauf le cas de non paiement à l'échéance. »

Ces deux arrêts furent cassés. La Cour régulatrice considéra que d'après la loi du 11 brumaire, et la teneur de l'article 2123 du Code civil, le jugement portant reconnaissance ou vérification de l'écriture sous seing privé, constituait au profit de celui qui l'avait obtenu, un droit d'hypothèque sur les biens immeubles du débiteur ; que la loi ne défendait point d'obtenir un pareil jugement avant l'exigibilité de la dette, et qu'une prohibition

sit ; hypothecam cùm non transit, nec possessio ad creditorem. L. 9, § 2 ff. De pigner. actione.

de cette importance ne pouvait être fondée   A<small>RT.</small>
que sur un texte formel (1).

Cette fois, c'était étouffer l'esprit sous l'enveloppe du texte.

C'était accuser le législateur d'avoir eu la pensée de changer arbitrairement la condition que se sont faite deux parties, dont l'une a suivi la foi de l'autre. Comment pouvait-on croire qu'il fût permis à l'une de recourir au juge, pour se faire donner des garanties qu'elle n'avait pas demandées en acceptant l'engagement de l'autre? Et par quel droit la force de l'action judiciaire intervenait-elle, pour suppléer à la forme, à la nature et aux effets du contrat, quand rien n'indiquait qu'il ne serait point régulièrement exécuté?

S'il était vrai que l'hypothèque judiciaire, qui affecte *généralement* tous les biens du débiteur, fût acquise au créancier aussitôt qu'il a eu son jugement de reconnaissance, et s'il pouvait en même temps prendre inscription avant l'échéance du terme, il s'ensuivrait qu'il aurait pleine licence de se créer à lui-même des droits plus étendus que ceux qu'il eût obtenus d'un acte passé devant no-

(1) Sirey, 6-1-179 et 7-1-154.

Art. taires , en dépit du débiteur qui avait voulu lui en attribuer moins.

Cependant la discussion du projet de Code de procédure arriva ; le Tribunat fit les observations suivantes sur les premiers articles du titre *de la vérification des écritures* :

« C'est ici le lieu de trancher une difficulté qui résulte de l'article 2123 du Code civil.

» Cet article dit que l'hypothèque judiciaire résulte des reconnaissances ou vérifications faites en jugement des signatures apposées à un acte obligatoire sous seing privé. On se demande si la reconnaissance ou la vérification peut produire l'hypothèque, lorsqu'elles ont été faites avant que l'obligation soit exigible.

» Il est certain qu'il s'est élevé des doutes sur ce point. La section ne les partage pas. Elle est convaincue que l'hypothèque ne peut être acquise avant l'exigibilité, quoique, avant l'exigibilité, il ne doive pas être interdit de faire procéder à la vérification. »

Après l'exposition de quelques motifs que l'on connaît déjà, le Tribunat proposa d'ajouter ce paragraphe à l'article 193 : « Dans le cas où l'acte obligatoire ne serait pas exigible, l'hypothèque ne pourra être acquise

que du jour de l'inscription faite postérieure- ART.
ment à l'expiration du terme. »

Cette addition fut unanimement adoptée
par le Conseil d'état, elle fut insérée dans la
rédaction définitive, dit M. Locré ; mais elle
ne s'y trouva plus lors de la promulgation.
On ne sait comment elle avait disparu.

L'année suivante, on s'occupait, au Conseil
d'état, du Code de commerce. M. Merlin demanda que l'on mît à la suite de l'art. 553 :
« Il ne peut être pris aucune inscription hypothécaire en vertu de jugemens portant, de
la part des débiteurs, reconnaissance ou vérification de billets, ou engagemens de commerce sous seing privé à terme, non encore
échus. »

La proposition de M. Merlin ne fut point
admise, non qu'elle ne fût approuvée comme
très-juste en soi, mais parce que l'on remarqua qu'elle se rapportait également aux matières civiles et aux matières commerciales,
et qu'il était plus convenable d'en faire le
sujet d'une loi générale (1).

Telle a été la filiation de la loi du 3 septembre 1807. Voici sa teneur :

(1) *Législation civile*, etc., de M. Locré, t. 19,
pag. 414.

ART.

« Lorsqu'il aura été rendu un jugement sur une demande en reconnaissance d'obligation sous seing privé, formée avant l'échéance ou l'exigibilité de ladite obligation, il ne pourra être pris aucune inscription hypothécaire en vertu de ce jugement, qu'à défaut de paiement de l'obligation, après son échéance ou son exigibilité, à moins qu'il n'y ait eu stipulation contraire. »

La loi dit : *échéance* ou *exigibilité*. C'est qu'en effet une créance peut devenir exigible avant d'être échue, lorsque les sûretés dont le créancier s'était contenté d'abord, viennent à être compromises ; par exemple, lorsque le débiteur pourchassé d'un autre côté, emprisonné, failli, est tombé dans un état tel, que le délai du terme tournerait évidemment à la perte d'un droit légitime (1).

Je rentre maintenant dans les conjonctures ordinaires d'une action qui se forme pour l'acquittement d'une obligation sous seing privé, quand est venu le jour de son exigibilité : *dies venit qua pecunia peti potest* (2).

(1) Code civil, art. 1188, et Code de procédure, art. 124.

(2) L. 213, ff. *de verb. signif.*

Autrefois, et conformément à un édit du mois de décembre 1684, les conclusions de l'exploit introductif, en matière civile, avaient une double portée : elles tendaient préalablement *à ce que l'écriture ou la signature fût reconnue , ou tenue pour reconnue ;* puis , *au principal , à ce que le défendeur fût condamné au paiement ,* etc.

Nous avons secoué ce joug des formules et de leur phraséologie. Produire l'acte sous seing privé sur lequel votre demande se fonde, n'est-ce pas implicitement sommer votre adversaire de l'avouer ou de le dénier, de le reconnaître ou de le méconnaître ? La voie, pour être plus simple, n'aboutit pas moins à la nécessité d'une vérification d'écriture, en cas de désaveu ou de méconnaissance.

Cela s'applique non-seulement au titre de l'action, mais encore à tous les écrits que les plaideurs peuvent respectivement s'opposer dans le cours d'une instance.

Les fastes du barreau révèlent assez l'effrayante perfection à laquelle est parvenu l'art d'altérer et de contrefaire les écritures. D'une autre part, il n'est pas sans exemple que des gens perdus dans les embarras d'une

Art. mauvaise affaire , honteux ou impudents ,
pourchassés de mensonge en mensonge, ne
s'acculent à un désaveu de leur propre seing.
Les formes représentatives de notre procédure, si l'on veut me passer cette expression,
donnent peut-être trop de facilités à de cou-
pables essais. Il est beaucoup plus commode
de se montrer et de se cacher à la fois , en
donnant pouvoir à un avoué de produire ou
de dénier une pièce , que de venir s'expliquer
soi-même, et répondre de suite et de vive voix
aux interpellations de la justice , sur les circonstances qui se peuvent rattacher à la fausseté ou à la sincérité de l'écrit. La mauvaise
foi s'enhardit dans l'ombre, elle se trouble
souvent aux clartés de l'audience et dans le
malaise d'une comparution personnelle. Ces
considérations n'ont point échappé aux rédacteurs de la loi de procédure , pour le can-
ton de Genève. Leur titre *de la vérification
des écritures* impose aux parties l'obligation
de se présenter en personne devant le tribunal, et d'y soumettre leur conscience à un
examen public et solennel. Aucune hésitation
n'est permise à celui qui dénie l'écriture ou
la signature qu'on lui attribue. Son refus de
s'expliquer équivaut à un aveu ; l'acte est re-

connu par le juge. « Arrêter d'entrée l'emploi
de pièces fausses, en prévenir jusqu'à la ten-
tation, éviter la précipitation et la légèreté
dans les inscriptions de faux (1) et les déné-
gations d'écriture, tel est le but de la loi,
disait le savant rapporteur (2). »

Art.

(1) La loi de procédure de Genève a réuni dans un
seul titre *la vérification des écritures et le faux incident
civil.*

(2) Exposé des motifs, par M. le professeur Bellot,
membre du conseil représentatif.

Le texte des articles est bon à connaître :

« Art. 231. Il y aura lieu à la vérification d'écriture,
lorsqu'une pièce produite et utile à la décision de la
cause se trouvera dans l'un des cas suivans :

» 1° Si l'une des parties soutient que la pièce est
fausse ;

» 2° Si, s'agissant d'un acte sous seing privé attribué
à l'une des parties, celle-ci en désavoue l'écriture ou
la signature ;

» 3° Si, s'agissant d'un acte sous seing privé attribué
à un tiers ou à l'auteur d'une des parties, celle-ci déclare n'en pas reconnaître l'écriture ou la signature.

» Art. 232. Dans les cas ci-dessus, le tribunal or-
donnera aux parties de comparaître en personne à
l'audience qu'il fixera.

» Il n'en dispensera que les parties qui, à raison
d'absence ou d'empêchement grave, seraient dans l'im-
possibilité de se rendre à l'audience, et qui devront se

ART.

Cette disposition de la loi de Genève ne se trouve pas spécialement dans nos articles du Code de procédure, touchant la vérification des écritures ; mais les tribunaux français

faire représenter par un fondé de pouvoir spécial.

» Art. 233. A l'audience fixée, le tribunal, par l'organe du président, sommera la partie qui aura produit la pièce de déclarer si elle entend s'en servir.

» Art. 234. Si la partie fait défaut, refuse de répondre, ou déclare qu'elle ne veut pas se servir de la pièce, la pièce sera rejetée du procès.

» Art. 235. Si la partie déclare qu'elle entend se servir de la pièce, le tribunal sommera l'autre partie de déclarer si elle persiste à soutenir que la pièce soit fausse, à en désavouer, ou à n'en pas reconnaître l'écriture ou la signature.

» Art. 236. Si cette partie fait défaut, refuse de répondre, ou ne persiste pas dans sa première déclaration, la pièce sera admise, et l'écriture ou la signature reconnue.

» Art. 237. Si la partie persiste dans sa déclaration, le tribunal la sommera d'énoncer les moyens sur lesquels elle la fonde.

» Si la pièce est arguée de faux, la partie sera spécialement interpellée de s'expliquer,

» Sur l'espèce de faux dont elle prétend que la pièce est entachée ;

» Sur les personnes qu'elle soutient être auteurs ou complices du faux. »

n'en ont pas moins l'entière faculté de l'ap- ART.
proprier à leur justice, puisqu'ils peuvent
toujours, et quel que soit le sujet du litige,
ordonner la comparution personnelle des 120.
parties : *Ubicumquè judicem æquitas moverit,*
æquè oportere fieri interrogationem dubium
non est (1).

« Si le défendeur dénie la signature à lui
attribuée, ou déclare ne pas reconnaître celle
attribuée à un tiers, la vérification en *pourra*
être ordonnée tant par titres que par experts,
et par témoins. » 195.

Voici la vérification par titres : Mon adversaire dénie l'écriture d'un acte sous seing privé
que je lui attribue. Cependant, je découvre
et je produis un titre authentique dans lequel
il a figuré, et qui contient la relation du
premier acte ; la vérité de l'écriture est prou-
vée. C'est la plus sûre de toutes les preuves ;
mais cette bonne fortune est fort rare (2).

---

(1) L. 21, ff. *de interrog. in jure faciend.* Voyez ce
que j'ai dit dans le tom. 2, pag. 471 et suiv. , sur les
avantages de la comparution personnelle et sur l'emploi
trop rare de ce moyen d'instruction.

(2) Il est inutile de faire remarquer que l'on peut
vérifier de même une écriture simplement *méconnue.*

Art. L'ordonnance de 1667 permettait la vérification par témoins, pour le cas seulement où l'écriture serait attribuée à un tiers (1).

L'édit de 1684 abrogea l'ordonnance, et voulut que, dans tous les cas, la vérification ne se fît que par experts.

Le Code admet les témoins et les experts. C'est un système qu'il faut bien comprendre.

On ne supposera point que le législateur ait voulu détruire son propre ouvrage, bouleverser toute l'économie du Code civil, en ce qui concerne la preuve testimoniale, et permettre qu'une obligation, quel que soit son objet ou sa valeur, puisse être établie ou détruite à l'aide de quelques témoins, sous le prétexte d'une vérification d'écriture.

D'abord la preuve testimoniale n'est pas reçue des choses excédant la somme ou valeur de 150 francs, parce que de ces choses il doit être passé acte devant notaires ou *sous signature privée* (2). Or, celui qui a pris la précaution d'exiger un acte sous signature privée pour constater son droit, n'est pas coupable du manquement que la loi a voulu punir. Il

(1) Titre 12, art. 7.
(2) Code civil, art. 1341.

scrait donc injuste de ne pas lui laisser toute
liberté des genres de preuves, pour combattre
une dénégation qu'il ne lui était pas ordonné
de prévoir.

Quant à celui qui dénie ou ne veut pas
reconnaître l'écrit, c'est une question de dol,
de fraude, ou d'un pire méfait encore. En
pareil cas, la prohibition cesse, car il serait
fort difficile à l'individu que la fraude a choisi
pour sa visée, de se procurer d'avance la
preuve écrite des manœuvres qui doivent être
pratiquées contre lui (1).

Ne croyez pas d'ailleurs que des témoins
appelés pour la vérification d'une écriture
puissent être reçus à déposer sur ce qui a été
convenu entre les parties, sur l'existence de
l'obligation, sur la vérité de la dette : non ;
c'est sur la vérité de l'écriture, sur la forma-
tion matérielle de l'acte, que leur témoignage
doit porter. Il ne s'agit pas encore de savoir
si Pierre doit à Paul, mais si le billet dont
Paul réclame le paiement a été *écrit* ou *signé*
par Pierre : *si his præsentibus subscripsit qui
documentum fecit et hunc noverunt* (2), ce qui

(1) Code civil, art. 1348.
(2) Nov. 73, cap. 1.

a été traduit ainsi par le Code de procédure :
« Pourront être entendus comme témoins ceux
qui ont vu écrire ou signer l'écrit en question, ou qui auront connaissance des faits
pouvant servir à découvrir la vérité. »

L'enquête peut n'être qu'un élément, et
quelquefois un supplément d'instruction,
selon que les juges ont réglé son emploi ou
son concours avec d'autres modes de vérification.

Un autre mode, c'est la vérification *par
comparaison d'écritures.*

Les bons esprits sont armés de défiance
contre les hasardeuses difficultés de cette espèce
de preuve qui, partant de la supposition que
chaque individu donne à son écriture un caractère original, aspire à conclure par l'examen comparatif de plusieurs écritures, qu'elles
sont ou qu'elles ne sont pas de la même main.
Cet argument *à simili et verisimili* doit être
souvent trompeur ; car il y a loin de la vrai-
semblance à la vérité, et de la ressemblance
à l'identité.

Exhumées de la poudre des âges, les vanités
et les erreurs de l'art conjectural des experts
ont encore leur cours parmi nous ; et l'on ne
trouve rien de mieux à dire aujourd'hui pour

en signaler les dangers, que ce que disait ᴀʀᴛ.
Justinien dans cette préface de sa novelle 73 :

« Nous avons fait réflexion sur les lois qui
ont été jusqu'ici établies touchant la comparaison des écritures. Nous avons vu qu'il y
en a quelques-unes par lesquelles cette manière de preuve a été reçue ; nous avons vu
aussi qu'il y en a d'autres par lesquelles nos
prédécesseurs l'avaient entièrement réje-
tée (1). L'expérience avait fait connaître à ces
sages empereurs que ce moyen, inventé pour
couper chemin à la mauvaise foi de quelques
particuliers, n'avait fait qu'ouvrir la porte
aux faussaires ; que du moment qu'ils avaient
vu que l'on faisait consister la foi d'une pièce
en la ressemblance, ils ne s'étaient plus exer-
cés qu'à contrefaire toutes sortes d'écritures ;
et qu'enfin c'était un aveuglement étrange de
penser bien juger de la qualité d'un acte faux,
par le seul rapport qu'il avait avec un acte
véritable, puisque la fausseté n'est autre
chose qu'une imitation des choses vraies.
Aussi avons-nous reconnu nous-mêmes qu'il
provenait de là un nombre infini de faus-
setés ; et nous avons vu entre autres arriver

(1) Il ne reste rien de ces dernières.

ART. une chose incroyable en Arménie. Un particulier ayant produit en justice un contrat d'échéance, la comparaison en fut ordonnée ; les experts furent entendus ; ils trouvèrent une disparité entière dans les écritures, ils jugèrent la pièce fausse. Et cependant, par l'événement, la pièce qu'ils avaient jugée fausse se trouva vraie, et elle fut reconnue par tous les témoins qui l'avaient signée. Mais en effet quel fondement peut-on faire sur une ressemblance qui peut être altérée par tant de causes ? Un homme écrit-il toujours de même manière ? Quel rapport peut-il y avoir entre les traits qui partent de la main vigoureuse et assurée d'un jeune homme, et ceux qui partent de la même main, quand elle est affaiblie et tremblante par la langueur de la vieillesse? Mais que dis-je ? faut-il autre chose qu'un simple changement d'encre ou de plume, pour ôter la naïveté de la ressemblance? Il est impossible enfin d'exprimer tous les inconvéniens qui en peuvent naître (1). »

(1) *Novimus nostras leges quæ volunt, ex collatione litterarum fidem dari documentis, et quia quidam imperatorum super exerescente jàm malitiâ eorum qui adulte-*

Nos experts, depuis la renaissance de l'art
d'écrire, ne se sont pas faits plus habiles
que ceux d'Arménie. Je pourrais invoquer ici
le témoignage des docteurs qui ont commenté
la loi 20 au Code *de fide instrumentorum*, et
la novelle 73 ; c'est de l'érudition qu'on trouvera tout arrangée dans le traité *de la Preuve*

ART.

*rantur documenta, hæc talia prohibuerunt : illud studium
falsatoribus esse credentes, ut ad imitationem litterarum
semetipsos maximè exercerent, eo quòd nihil est aliud
falsitas, nisi veritatis imitatio. Quoniam igitur in his
temporibus innumeras invenimus falsitates in judiciis
multis quorum fecimus auditores ; et quoddam inopinabile
ex Armeniâ nobis exortum est. Oblatonamque commentationis documento et litteris dissimilibus judicatis, quoniam postea inventi sunt ii qui de documento testati sunt
subscriptionem subdentes, et eam recognoscentes, fidem
suscepit documentum : et quoddam hinc inopinabile oc-
currit, eo quòd litteræ quidem sine fide visæ sunt, licet
examinata responsa verorum testium cum veritate concor-
daverunt, et hoc per fidem testium quæ videtur quodam-
modo esse cauta. Videmus tamen naturam ejus crebrò
egentem rei examinatione, quandò litteramus dissimilitu-
dinem sæpè quidem tempus facit. Non enim ita qui scribit
juvenis et robustus ac senex et forte tremans : sæpè autem
et languor hoc facit. Et quidem hoc dicimus quandò ca-
lami et atramenti immutatio similitudinis per omnia au-
fert puritatem : et nec invenimus de reliquo dicere quanta
natura generans innovat.*

Art. *par comparaison d'écriture,* de M. Levayer (1).
Je n'en rapporterai que la conclusion : *Comparatio facit duntaxat fumum.*

Quelques maîtres écrivains ont eu l'ambition de relever leur importance, et de composer des traités, à leur manière, sur l'art de vérifier les écritures. Cela ne vaut pas la peine d'être cité, si ce n'est le livre de Raveneau (2) qui, non content d'instruire le public des secrets de sa science, les mit en pratique pour lui-même, si bien ou si mal, qu'il se fit condamner à garder prison durant toute sa vie.

Les rapports des vérificateurs sont encore dressés aujourd'hui d'après les modèles du jargon héréditaire dont leurs devanciers se sont constamment servis. Ce sont toujours des observations microscopiques sur les *pleins* et les *déliés* du trait, sur le *bec* et les *angles* de la plume, sur les jambages *maigres* ou *nourris*, sur les lettres *fermes* ou *tremblées*, sur leur *dimension*, leur *œil*, leur *queue*, leur *pente*, leur *essor*, leur *jetée*, leur *physiono-*

(1) L'ouvrage de M. Levayer a été imprimé à la suite du *Traité de la preuve par témoins en matière civile*, de Jean Boiceau, avocat au présidial de Poitiers.

(2) *Des Inscriptions de faux et des Reconnaissances des écritures et signatures.* 1666.

ART.

mie, etc. Comme si mille circonstances diverses, la position de la personne qui écrit,
la taille de son instrument, son état de santé
ou de maladie, les sentiments qui peuvent
l'affecter, ne devaient pas produire des varia-
tions, et faire que son écriture, dans tel temps
ou dans telle occasion, ne ressemble point à
ce que sa main aura tracé dans telle autre
disposition du corps ou de l'esprit!

Ces opérations expérimentales ont causé
trop souvent d'amers repentirs (1). On punit
le faux témoignage, mais on répute inno-
centes les erreurs des maîtres d'écriture ; on
prend en pitié l'imperfection de leur art, et
l'insuffisance de leurs prétentieux rapports.

Qui n'a pas gardé souvenir de ce jeune officier de dragons qui vint de Saumur à Paris
pour déposer dans le terrible procès de la Ron-
cière? Voyant la belle et noble victime exposée, par les conjectures des vérificateurs, à
d'odieuses récriminations, il prit la défense
de cette malheureuse enfant, et tout-à-coup,
en pleine séance, les pièces en main, il dé-
montra à la Cour, aux jurés, à tout le monde,

(1) Voy. le *Répertoire* de M. Merlin, au mot *Comparaison d'écriture*, et M. Toullier, t. 8, nᵒˢ 233 et s.

Art. que MM. *les experts-écrivains assermentés* près les cours et tribunaux de la capitale étaient complétement en défaut,

La loi de Genève a remis aux tribunaux eux-mêmes la comparaison et la vérification des écritures.

« Conjecture pour conjecture, celle du juge nous a paru bien préférable à celle des experts, disait M. Bellot (1). Nous croyons devoir plus de confiance à son discernement, à son expérience, et surtout à cette responsabilité qui par là pèsera sur lui tout entière.

» Cependant, en cessant d'imposer aux tribunaux l'obligation de se servir d'experts, nous n'allons point jusqu'à leur en interdire l'usage. Nous leur laissons la faculté, lorsqu'ils l'estimeront utile, d'appeler des personnes expérimentées, et de profiter de leurs lumières... »

C'est la direction que prend la jurisprudence française, et nos lois n'y sont pas contraires. M. Pussort disait bien dans les Conférences sur l'ordonnance de 1667 (2), qu'en

(1) *Exposé des motifs*, etc.
(2) Procès-verbal, p. 132.

fait de comparaison d'écritures, l'expert était ART.
beaucoup plus juge que le juge même : mais
on ne s'y arrêta point. Toujours et en toutes
matières, on a suivi cet adage, que l'article
323 du Code de procédure est venu consacrer
expressément, *Dictum expertorum nunquam
transit in judicium.*

La conscience des juges étant affranchie des
liens de l'expertise, c'est déduire du principe
une conséquence très-raisonnable et très-légitime, que de leur reconnaître le droit de
vérifier eux-mêmes, et la faculté de se passer
d'experts.

M. le professeur Rauter, de Strasbourg (1),
enseigne que le juge peut vérifier lui-même
l'écriture, en ce sens qu'il est libre de décider d'après sa propre conviction, et contrairement au résultat de l'expertise, mais
qu'il ne peut, sans expertise, tenir l'écriture
pour vraie, ni la rejeter. Son opinion se
fonde sur les termes de l'article 1324 du Code
civil : « Dans le cas où la partie désavoue son
écriture ou sa signature, et dans le cas où
ses héritiers ou ayant-cause déclarent ne
les point connaître, la vérification en est

(1) Cours de procédure civile, pag. 208.

Art: ordonnée en justice. » Cette disposition ne
doit pas être prise comme une défense aux
juges de vérifier par eux-mêmes ; elle signifie
seulement qu'une pièce ne peut être mise à
l'écart ou rejetée, par le seul motif qu'elle
n'aurait point été avouée ou reconnue. Le
désaveu ou la méconnaissance établissent un
doute, une question ; il faut que la question
soit posée et que le doute soit éclairci : c'est
toute la portée de la loi. Ainsi la Cour de cassation a jugé que la vérification devait être
ordonnée même d'office, lorsque, sans y conclure formellement, des héritiers se bornaient
à méconnaître l'écriture de leur auteur (1). Et
cela se comprend fort bien. Les héritiers
étaient dans leur droit : dès qu'ils *méconnais-
saient*, il n'était pas raisonnable de passer
outre, et d'autoriser contre eux l'exécution
d'un acte non encore avéré.

Mais il ne s'ensuit point qu'il soit interdit
aux juges d'examiner, de vérifier et de prononcer, avec l'unique secours de leurs propres
lumières, sur la sincérité d'une écriture déniée ou méconnue ; il suffit que la sentence

(1) Sirey, 1816-1-334 ; 1834-1-649 ; 1837-1-201.

constate l'examen qu'ils ont fait et la conviction qu'ils y ont puisée.

L'article 1324 du Code civil avait dit que,
dans les cas de dénégation ou de méconnaissance d'un écrit sous signature privée, la
vérification en serait faite.

L'article 195 du Code de procédure a dit
comment elle serait faite. C'est la loi organique qui met en action le principe abstrait
du droit civil, qui règle ses divers modes
d'exécution, qui consacre en faveur des
magistrats le libre exercice de leurs facultés
intuitives, et ne les oblige point à consulter
toujours ou des experts ou des témoins : « Si
le défendeur dénie la signature à lui attribuée, ou déclare ne pas reconnaître celle attribuée à un tiers, la vérification en *pourra*
être ordonnée tant par titres que par experts
et par témoins. »

Je sais que l'on a disputé sur le point
de savoir si cette expression *pourra* se doit
entendre d'une faculté touchant la vérification elle-même, ou d'une simple permission de choisir entre les conjectures des
experts et les dépositions des témoins : mais
il ne m'est pas donné de concevoir comment
des juges saisis, au seul aspect d'une pièce,

Art. par l'évidence du faux ou du vrai, n'en seraient pas moins astreints à se mettre à la suite d'une procédure longue, dispendieuse, et surtout ridiculement inutile, puisqu'ils sont convaincus d'avance, et qu'en définitive ils ne sont pas obligés de se conformer à l'avis des experts (1).

Un arrêt tout récent de la Cour de cassation, rapporté par le journal *le Droit*, dans son numéro du 26 mai 1837, mettra peut-être fin à toute controverse sur ce point.

« Attendu, y est-il dit, que l'emploi des divers modes indiqués par l'article 195 du Code de procédure, pour parvenir à vérifier une écriture, est purement facultatif, et que le juge peut même prononcer, sans leur secours, sur cette vérification, si sa conviction le lui permet, la loi s'en rapportant à ses lumières et à sa conscience; qu'ainsi l'arrêt attaqué (de la Cour royale de Paris) n'a point violé les articles 1324 du Code civil, 195 et 196 du Code de procédure, et a fait une juste application dudit article 195 du Code de procédure. »

(1) Sirey, 1837-1-199.

Je dois supposer maintenant, si je veux suivre la marche de l'instance et discuter les questions dont elle peut être incidentée, que le tribunal a jugé nécessaire de consulter les experts, et de leur déférer la mission de vérifier, par comparaison, l'écriture déniée ou méconnue.

La sentence qui l'ordonne ainsi contient :

1° La nomination d'un *juge-commissaire*, chargé de préparer, de régler les préliminaires de la vérification et d'en surveiller les détails. On verra que cette mesure est prescrite toutes les fois qu'il s'agit d'ouvrir, en dehors de l'audience, une voie d'instruction, de recueillir des preuves, de constater des faits, ou de décrire des localités. Le tribunal s'y fait représenter, autant que cela est possible, par l'un des magistrats qui ont pris part au jugement interlocutoire, afin que l'opération soit conduite dans la direction des idées qui l'ont fait adopter. C'est ce que nos pères exprimaient en ce commun adage : *L'entente est au diseur.*

196.

2° L'injonction au demandeur de déposer au greffe la pièce à vérifier. C'est une nécessité qui n'a pas besoin d'être expliquée.

3° La désignation de trois experts qui sont

ART. nommés *d'office*, à moins que les parties ne se soient *accordées* pour les nommer elles-mêmes, ce qui n'arrive presque jamais.

Il y a ici une amélioration qui mérite d'être remarquée.

L'ordonnance de 1667 portait que la comparaison d'écriture serait faite par experts dont les parties conviendraient, et que, si l'une d'elles était en demeure de nommer le sien, il serait choisi par le juge (1).

Cette disposition avait été combattue par M. le premier président de Lamoignon. Il aurait voulu que le juge nommât tous les experts, lorsque les parties ne s'accordaient pas pour les désigner, et lorsque l'une d'elles ne comparaissait point, ou gardait le silence. Une convention n'existant que par le concours de deux personnes, on ne pouvait pas dire qu'elles fussent convenues d'experts, puisqu'une seule avait nommé pour elle. M. le premier président invoquait l'article 184 de la Coutume de Paris et la loi 1re au Digeste

_____

(1) Tit. 12, art. 8 et 9. Le texte de ces articles semblait dire que chacune des parties, ou le juge pour celle qui refusait, pourrait nommer plusieurs experts ; mais il fut bien entendu dans la conférence *qu'il ne devait y en avoir qu'un de part et d'autre.*

de inspic. ventre, contre cet amalgame de
nominations mi-parties.

« En toutes matières sujettes à visitation,
disait la Coutume, les parties doivent convenir en jugement de jurez ou experts , et gens
à ce connoissant ; et où les parties ne conviennent de personnes , le juge en nomme
d'office. ».

Dans l'espèce de la loi romaine, c'était un
mari qui prétendait que sa femme était en-
ceinte , celle-ci soutenant qu'elle ne l'était
pas. Le Préteur nommait d'office les matro-
nes chargées d'en rendre témoignage.

L'usage du Parlement était conforme à cette
manière de procéder. On s'en remettait toujours à la probité et à l'honneur des juges, du
soin de remplacer, par la plénitude de leur
choix, l'ébauche d'une nomination volontaire
que le défaut ou le refus d'un plaideur avait
laissée incomplète.

M. Pussort répondait que cet usage avait pu
être bon dans les temps antérieurs, où la corruption n'était pas si grande au fait de la justice ; mais que les abus qui s'y étaient glissés
depuis avaient fait sentir la nécessité d'une
réforme ; que souvent une partie se refusait
à désigner un expert , afin de rendre inutile

Art. le choix déjà déclaré par son adversaire, parce que, comptant sur la protection du juge, elle espérait que la nomination d'office se composerait tout entière de gens bien disposés pour elle ; qu'en donnant au juge le pouvoir de suppléer à l'absence ou au refus d'un plaideur, il ne fallait point exclure l'expert que l'autre aurait choisi, et favoriser ainsi les calculs d'une manœuvre à laquelle correspondraient la facilité et le relâchement des juges.

Le procès-verbal des conférences tenues pour l'examen de l'ordonnance de 1667, offre ainsi de fréquentes et précieuses occasions d'observer le caractère, les vues et les contrastes des deux personnages qui prirent la plus grande part à la discussion, et l'animèrent de leurs continuelles dissidences.

L'un, M. le premier président de Lamoignon, avait depuis longtemps présenté à Louis XIV un plan de réforme touchant l'administration de la justice. Les bases de son système étaient larges, ses idées étaient grandes, nobles, élevées : ce n'était point une simple révision des ordonnances qu'il avait préparée dans ses fameux *Arrêtés* ; c'était une fusion des coutumes, un code général, une législation complète; c'était *ce beau livre* dans lequel Louis XI aurait voulu que toutes les lois fussent mises en français.

L'autre, M. Pussort, conseiller d'état, tenait une sorte de milieu entre le talent décidé et la médiocrité réelle. Fort entêté dans ses préventions, il s'était distingué au procès du surintendant Fouquet, en opinant à mort avec une ardeur que Madame de Sévigné qualifiait *d'emportement et de rage.* Malheureusement ce fut à lui que le roi confia le travail de la réformation.

M. de Lamoignon, avec son austérité parlementaire, son âme bienveillante, la majesté de ses discours, et son aristocratie de probité et de vertu, portait au plus haut degré les idées de respect, d'honneur et de dignité qu'il attachait aux fonctions de la magistrature ; il s'indignait de voir, dans presque tous les articles du projet, des dispositions pénales contre les juges, des menaces de *prise à partie*, de condamnations *aux dépens, dommages et intérêts*, de *privation d'offices*, etc. On ne pouvait pas trop garder les proportions, disait-il, on ne pouvait trop s'appliquer à mesurer tous les termes, à peser toutes les conséquences, à accommoder partout le com-

Art. mandement avec la raison, la douceur avec l'autorité, à réformer les abus sans renverser l'usage, et à relever la justice sans abaisser les juges.

La dureté, la sécheresse de M. Pussort, son habitude de défiance, le rendaient fort peu sensible à ces garanties d'honneur et de conscience ; il les traitait comme des maximes courantes que chacun ajuste à sa faiblesse, à son intérêt, ou à sa passion. Le meilleur frein contre les déréglements de la faveur et la corruption des magistrats, c'était, à son avis, l'appréhension des peines, et il aurait volontiers proposé, comme Solon, de faire payer une statue d'or de son poids, par l'aréopagite coupable d'une contravention à l'ordonnance. Ainsi, vous venez de le voir s'opposant de toutes ses forces à ce que la loi conférât aux juges le pouvoir de nommer d'office les experts, de peur que leur choix ne fût acheté par la partie récalcitrante.

Le sentiment du Conseiller d'état fut adopté. Cette ordonnance de 1667, pompeusement *donnée pour la réformation de la justice*, laissa subsister beaucoup d'abus ; et, sous la main étroite de son rédacteur, elle se réduisit aux mesquines proportions d'une recoupe de

procédures ; ce fut une espèce de *rifaccia-*
mento : il fallait que plus d'un siècle s'écou-
lât avant que les vœux prophétiques du
premier président pussent être entendus et
remplis.

Ce système d'expertise était encore vicieux,
lors même que l'un des experts n'avait point
été désigné d'office, et que chacune des parties était venue nommer le sien.

Un expert se considérait toujours comme
le défenseur naturel des intérêts de la partie
qui l'avait choisi ; c'était une sorte de patro-
nage obligé. On ne voyait jamais les deux
experts respectivement nommés, tomber d'accord sur l'appréciation des choses qu'ils
étaient chargés d'examiner et de vérifier ; ils
ne manquaient point de se tenir à une grande
distance l'un de l'autre, afin de constater
mieux la réciprocité de leur discordance.

Or, chacun d'eux faisait et déposait au
greffe un rapport séparé qu'il fallait lever et
signifier. C'était un préliminaire inutile de
tout point ; c'était une pure perte de temps et
d'argent.

Force était donc de revenir devant le tribunal, qui ne pouvait prendre d'autre mesure,
pour combler le vide que laissaient entre

eux ces antipodes d'expertises , que d'ordonner la nomination d'un tiers-expert. Celui
qu'une partie présentait étant toujours re-
poussé par l'autre, il fallait nécessairement
recourir à une nomination *d'office*. C'était
un nouveau jugement à expédier, à signifier ; c'était un nouveau procès-verbal de
prestation de serment; c'était une nouvelle
opération avec une nouvelle taxe de vacations;
c'était un nouveau rapport à déposer, une
nouvelle expédition, une nouvelle signification à faire ; c'était enfin le grave inconvénient de confier, en définitive, la vérification
à un seul homme.

Telle se continuait la pratique des anciens
temps, lorsque, dans les discussions du Code
civil au Conseil d'état, on vint à débattre
la grande question du rétablissement de l'*Action en Rescision de la vente des immeubles*,
pour cause de lésion. Les adversaires du projet
se récriaient sur les imperfections et les dangers des expertises. On eut à cœur de les ras-
surer par une meilleure combinaison de formes et de garanties : il fut dit que les estima-
tions seraient faites par trois experts nommés
à la fois, et choisis *d'office* par le juge, s'ils
n'avaient pu l'être du commun accord des

parties ; qu'ils devraient opérer ensemble, ART.
dresser un seul procès-verbal, ne former
qu'un seul avis à la pluralité des voix ; et que,
s'il y avait des avis différents, le procès-verbal
en contiendrait les motifs, *sans qu'il fût per-*
mis de faire connaître de quel avis chaque
expert aurait été(1). On les soumit aux mêmes
règles et au même secret que les juges eux-
mêmes.

C'était tout le bien possible, si ce n'était pas
le mieux idéal ; car, en définitive, il faut que
les affaires marchent.

Cependant les auteurs du Code de procédure avaient tout-à-fait perdu de vue cette
notable amélioration quand ils rédigèrent le
titre de la vérification des écritures. Nous y
verrions encore le reflet de tout ce que l'ordonnance avait de plus vain, de plus com-
pliqué, de plus dispendieux, si le Tribunat
n'eût pas réclamé contre cette réapparition
inattendue du vieux système des expertises.
Les formes nouvelles du Code civil furent
adoptées, non-seulement pour *les vérifica-*
tions et comparaisons d'écritures, mais encore
pour toutes choses où doit échoir rapport

(1) Code civil, art. 1678 et 1679.

III.   52

ᴀʀᴛ. d'experts, sauf quelques modifications spéciales.

Par exemple : dans les expertises ordinaires, il est permis aux parties, lorsqu'elles
3o3. ont la libre disposition de leurs droits, de
consentir à ce que l'opération soit faite par
un seul expert, au lieu de trois. Cette faculté
ne leur serait pas donnée pour une vérification d'écriture. La nature de l'affaire est trop
grave, et la science des vérificateurs trop
incertaine.

Ainsi encore, dans les expertises ordinaires,
la sentence qui nomme des experts d'office ne
3o5. les désigne que sous condition, par pure
3o6. précaution, pour le cas où les parties ne con-
viendront pas ultérieurement de leur en substituer d'autres. Cette convention ne serait pas
reçue après le jugement qui ordonne une
vérification d'écriture ; il faut qu'elle soit déclarée d'avance et de prime abord, autrement le choix fait par le tribunal reste définitif (1).

J'ai déjà dit que la pièce à vérifier devait

(1) Quand il s'agit d'une inscription de faux, les
experts sont toujours nommés d'office. Voyez le chapitre suivant.

être mise au greffe ; elle appartient à la justice aussitôt que la vérité de l'écriture ou de
la signature est devenue suspecte. Il faut de
plus que son état soit constaté, qu'elle soit
signée par le demandeur ou par son avoué,
et par le greffier, qui rédige du tout un procès-verbal. Ces formalités ont pour but d'empêcher que plus tard des doutes ne s'élèvent
sur l'identité de la pièce, et que l'on ne s'a-
vise de prétendre qu'une autre se trouve
substituée à celle qui avait été déposée.

Constater l'état d'une pièce, c'est indiquer
ses dimensions, le nombre de ses pages, de
ses lignes, rapporter les mots par lesquels
elle commence et ceux par lesquels elle finit,
noter les surcharges, les renvois, les ratures,
les altérations, les différentes teintes de l'encre, et toutes les circonstances enfin qui peuvent concourir à la plus parfaite exactitude de
la description.

La loi n'ordonne point d'appeler le défendeur à cette description ; elle n'exige point
que le procès-verbal en soit dressé par le
juge-commissaire, et que le procureur du roi
y assiste, comme lorsqu'il s'agit d'un *faux in-*
cident (1). Elle est moins ombrageuse, moins

(1) Voyez le chapitre suivant.

Art. attentive aux détails d'une simple vérification,
parce que la dénégation ou la méconnaissance
d'une écriture privée est moins aventureuse,
moins menaçante que l'inscription de faux,
moins exposée à de périlleuses éventualités et
aux atteintes de l'action publique.

198. Celui qui a dénié ou méconnu la pièce déposée peut en prendre communication au
greffe, sans déplacement, dans les trois jours
qui suivent la notification de l'acte de dépôt (1). Il doit, en exerçant cette faculté, parapher la pièce ou la faire parapher, soit par
son avoué, soit par un fondé de pouvoir spécial, afin que l'identité demeure invariable-
ment fixée. On a demandé s'il lui serait permis
de consigner ses remarques particulières, touchant l'état de la pièce, dans le nouveau procès-verbal que le greffier rédige pour constater
la communication et l'accomplissement de
tout ce qui s'y rattache. Je ne crois pas qu'on
puisse sérieusement en douter.

---

(1) Le Code dit : *dans les trois jours du dépôt.* Cette
disposition est expliquée par l'article 70 du tarif. Le
défendeur n'est en demeure de prendre communication
que par l'avis qu'il a reçu du dépôt, et il ne le reçoit
légalement que par une signification : *paria sunt non
esse et non significari.*

Le délai de trois jours n'est point prescrit Art.
à peine de déchéance. La communication peut
être prise, tant que le signal de *la vérification*
n'a pas été donné.

Sur une requête présentée au juge-commissaire par la partie la plus diligente (1), ce
magistrat rend une ordonnance portant indi- 199.
cation du jour où les parties seront tenues de
se présenter devant lui, afin de s'accorder sur
les pièces de comparaison. Il faut bien donner
aux experts un point de départ, convenir
d'une place où se puisse appuyer la pointe
de leur compas, et reconnaître le type auquel
ils devront rapporter leurs conjectures de
ressemblance ou de dissemblance.

Celui qui a requis l'ordonnance, la fait
notifier à son adversaire, avec sommation d'y 199.
obéir (2).

(1) Tarif, art. 76.
(2) La notification et la sommation sont signifiées
par acte d'avoué à avoué et par exploit à domicile, si
la partie qui doit les recevoir n'a pas constitué avoué.
Ce dernier cas est nécessairement très-rare, puisqu'il
y a eu dénégation ou méconnaissance d'une pièce produite. Mais il peut arriver qu'après la dénégation ou
la méconnaissance, une des parties vienne à décéder,
et que, sur la reprise d'instance, ses héritiers n'aient

Art. Ici la procédure offre un intérêt particulier à raison de ce qui peut arriver, si la partie sommée ne comparaît pas.

La justice a besoin de croire que la sommation a été fidèlement remise, et, pour qu'elle en soit mieux assurée, l'ordonnance a désigné l'huissier chargé de la notification. Il est présumable alors, s'il y a un défaillant, qu'il n'ose pas se soumettre à l'épreuve qui se prépare.

Est-ce le demandeur qu'il a fallu sommer? est-ce lui qui manque à l'assignation, et qui déserte au moment où il s'agit d'apprêter les moyens de vérifier son titre? le juge-commissaire constate par un procès-verbal le défaut de comparution; puis, à la prochaine audience, et sans qu'un nouvel avertissement soit nécessaire, il fait son rapport au tribunal, qui rejette la pièce sans autre forme de procès.

Est-ce le défendeur qui ne se présente pas? on procède comme il vient d'être dit, et le

pas comparu; il faudra bien, dans cette supposition, que l'ordonnance soit signifiée à domicile. Cela se développera au chapitre *des reprises d'instance et constitution de nouvel avoué*.

tribunal *peut* tenir la pièce pour reconnue. **Art.**
Observez que c'est une pure faculté qui lui
est donnée ; car il peut aussi, suivant des
circonstances et des indices qu'il apprécie,
ordonner que la vérification sera faite sur
les pièces de comparaison apportées par le
demandeur. Supposez qu'un héritier éloigné
ait dû se borner à *méconnaître* une obligation
ou un testament attribué à son auteur, dont
il n'a jamais vu l'écriture : sera-t-il mieux en
état de produire, d'accepter, ou de rejeter des
pièces de comparaison? et les juges se déci-
deront-ils, sans examen, à tenir l'écriture
pour reconnue, parce que cet héritier, au
lieu de venir de fort loin peut-être, reste pas-
sif, attend et se confie en leur sagesse? Ce
qu'il y a de plus sage, c'est de revenir à la
règle générale, et de n'adjuger les conclusions du demandeur que *si elles se trouvent*
justes et bien vérifiées.

Vous voyez que, dans l'une comme dans
l'autre de ces hypothèses, le juge-commissaire
ne prononce pas seul.

Le projet du Code ne s'expliquait pas positivement sur ce point, ni sur celui de savoir
si le jugement serait susceptible d'opposition.
Le droit commun pouvait y suppléer, car il

Art.
155.

y a toujours au fond des présomptions qui se tirent de l'absence ou du silence de l'une des parties, quelque chose d'incertain et de vacillant sur quoi l'on ne peut appuyer l'absolu d'une sentence définitive, à moins que, pour quelque cas particulier, la voie de rétractation ne soit spécialement et expressément interdite. Cependant le Tribunat fut d'avis qu'il valait mieux dissiper tous les doutes, et écarter tous les prétextes de controverse par une disposition formelle ; cet avis a été suivi. Il s'ensuit que le jugement ne peut être exécuté avant l'échéance de huitaine, à partir du jour où il a été signifié (1).

Mais voici que les parties comparaissent devant le juge-commissaire.

Quand un plaideur produit en justice un titre, comme étant écrit et signé par son adversaire, et que celui-ci désavoue l'écriture ou la signature qui lui est attribuée, il est dans la condition ordinaire des choses humaines,

(1) S'il y a opposition, et si les moyens employés au soutien sont admis, la partie la plus diligente retourne devant le juge-commissaire, afin d'obtenir une nouvelle ordonnance et une nouvelle indication de jour pour convenir des pièces de comparaison.

sauf quelque cas particulier d'une simple ART. *méconnaissance*, qu'il y ait mauvaise foi d'un côté, et défiance extrême de l'autre. L'accord sur les pièces de comparaison doit donc être fort difficile et fort rare.

Ce que l'un présente devient aussitôt suspect à l'autre. Et ce serait comme l'éternel travail des Danaïdes, s'il fallait préalablement, et jusqu'à épuisement, faire autant de vérifications successives qu'il y aurait de pièces de comparaison offertes et repoussées. Pour en finir avec ces inconciliables difficultés, les juges prononcent l'exclusion de tout ce qui n'est pas marqué du sceau de l'authenticité.

C'est ce que je vais expliquer.

Un écrit authentique, selon Bentham, est celui qui vient de la personne à qui on l'attribue, et qui n'a point été altéré (1). C'est la périphrase française de cette expression *genuine* que les Anglais ont empruntée du latin *genuinus*. De même ils disent *spurious*, pour désigner un écrit faussement attribué à quelqu'un, ou qui, s'il est de lui, a été falsifié.

Dans son acception légale, le mot *authen-*

---

(1) *Traité des preuves judiciaires*, chap. 8.

Aᴀᴛ. *tique*, appliqué aux actes, reçoit chez nous un sens plus restreint. L'acte authentique est celui qui a été reçu par officiers publics, ayant le pouvoir d'instrumenter dans le lieu où l'acte a été rédigé, et avec les solennités requises (1).

Cependant, tout ce qui participe de l'authenticité n'est point admis de droit pour servir aux comparaisons d'écriture.

200. Le Code veut qu'on y emploie seulement:

1° Les signatures apposées aux actes pardevant notaires, à moins que l'une des parties ne veuille enter une inscription de faux sur la vérification ;

2° Les signatures apposées aux actes judiciaires en présence du juge et du greffier. Telles sont la signature d'un témoin sur un procès-verbal d'enquête, celle d'un expert sur un procès-verbal de prestation de serment, celle d'un plaideur sur un procès-verbal d'interrogatoire, etc. Le Tribunat fit observer, à ce sujet, que lorsque la loi dit *en présence du juge et du greffier*, elle entend que le juge et le greffier ont été présents simultanément à l'acte ou au procès-verbal, et que la présence de l'un d'eux ne suffit pas

(1) Code civil, art. 317.

pour le revêtir du degré de certitude qu'il doit ART. offrir.

Les distinctions subtiles et les dissolvantes argumentations n'ont pas manqué de venir exploiter, comme à l'ordinaire, l'œuvre du législateur. On a mis en question le point de savoir si les signatures des parties, sur un procès-verbal rédigé en bureau de conciliation, par le juge de paix et son greffier, pouvaient être employées comme moyens de comparaison, pour une vérification d'écriture. On a fait plus que douter, on a très-formellement résolu que ce procès-verbal ne devait pas être admis.

M. Pigeau avait dit, en deux lignes, qu'un procès-verbal du bureau de paix n'était point, comme un acte passé devant notaires, légalement empreint de l'authenticité spéciale requise en pareille matière ; mais il n'avait pas remarqué que l'article 200 du Code de procédure met sur la même ligne d'authenticité les actes passés devant notaires, et ceux faits en présence du juge et du greffier.

M. Carré, qui vraisemblablement prévoyait l'objection, a complété le système négatif de M. Pigeau, en ajoutant que le procès-verbal du bureau de conciliation n'est pas un acte

Art. judiciaire , *parce que le juge de paix ne le dressé point en qualité de juge, mais comme conciliateur.*

C'est une de ces erreurs qui ne peuvent tirer à conséquence. Toutefois le nom des auteurs que je combats m'impose le devoir de discuter sérieusement leur avis.

Je le répète : le Code ne met aucune différence touchant leur degré d'authenticité pour la vérification des écritures, entre les signatures apposées aux actes passés devant notaires, et celles apposées aux actes judiciaires en présence du juge et du greffier. Il ne les distingue point en deux classes, ainsi que M. Pigeau a cru devoir le faire ; la contexture de l'article 200 exprime très-clairement cette unité de disposition.

La difficulté se réduit donc à savoir s'il n'est pas vrai qu'une signature mise sur un procès-verbal du bureau de paix, soit une signature apposée à un acte judiciaire en présence du juge et de son greffier.

Le juge de paix ne juge point en bureau de conciliation , mais c'est en sa qualité de juge qu'il y siége, assisté de son greffier ; c'est en vertu de l'autorité attachée à son titre qu'il constate les aveux, les dires, les arrangements

des parties, et qu'il reçoit le serment que l'une
peut déférer à l'autre. Son procès-verbal devient une pièce authentique, il fait pleine
foi des clauses et des énonciations qu'il ren-
ferme, et leur sincérité ne peut être attaquée
que par la voie ouverte contre ce qu'il y a
de plus authentique, par une inscription de
faux.

C'est comme si l'on disait que le juge de
paix perd sa qualité de juge, parce qu'il ne
juge pas quand, assisté de son greffier, il
préside un conseil de famille, ou lorsqu'il
vaque à quelque autre acte de juridiction volontaire !

Le président d'un tribunal civil qui, sur
une demande en séparation de corps, fait
comparaître les époux devant lui pour essayer
de les concilier, perd-il aussi sa qualité de
juge ?

On objecte qu'un procès-verbal de conciliation n'a pas la force exécutoire et la vertu
hypothécaire d'un jugement, ou d'un contrat
passé devant notaire. Je réponds qu'il y a
beaucoup *d'actes judiciaires*, tels, par exemple, que les procès-verbaux d'enquête ou
d'interrogatoire sur faits et articles, qui ne

ART.

ART. produisent point hypothèque et ne portent
point *exécution parée.* Mais il ne s'agit point
ici de force exécutoire et de vertu hypothécaire.

Ne serait-ce pas un scrupule bien singulier
que de retirer au juge de paix essayant ou
opérant une conciliation, la foi qu'on lui accorde pour la confection d'une enquête ! Je
ne crois pas qu'il soit possible de prêter à la
procédure une physionomie plus bizarre, plus
fantasque, plus déréglée, et de fournir à ses
détracteurs le sujet d'une moquerie plus pi-
quante.

Ce n'est pas la faute de la loi. Son texte
est aussi clair que sa pensée est transparente;
elle définit elle-même ce que l'on doit entendre par *un acte judiciaire.* Tous les procès-verbaux que le juge de paix dicte à son
greffier, dans le cercle de ses attributions,
sont des actes judiciaires; et les signatures
que les parties y apposent, sont un type légitime pour la comparaison des écritures.

Les registres de l'état civil n'ont point été
assimilés, en cette matière, aux actes judiciaires, et ce fut une louable réserve, comme
on le disait dans les observations du Tribu-

nat (1). Ils étaient admis autrefois (2), mais
on n'a pas dû se reposer dans tout ce qui
avait été fait. L'officier de l'état civil, suivant
M. Carré, n'étant point obligé de connaître
les parties et les témoins, ne peut attester
l'identité d'une signature avec celle de la personne qui l'a tracée. Aux considérations tirées
de la facilité qui permet à la fraude de s'y
glisser, il faut ajouter que les omissions, les
méprises, les négligences et les fautes que les
tribunaux sont journellement occupés à réparer dans les actes de l'état civil, justifie-
raient assez de leur exclusion (3).

Toutefois, s'il s'agissait de vérifier l'écriture d'un officier de l'état civil, les registres
sur lesquels il a écrit ou signé seraient admis
de droit comme pièces de comparaison. Cette
règle s'applique à tous les fonctionnaires publics, soit dans l'ordre administratif, soit
dans l'ordre judiciaire, aux avoués, aux huissiers, etc. Ils auraient trop mauvaise grâce à
se contester à eux-mêmes le privilége de leur

(1) *Législ. civ.*, etc., de M. Locré, t. 21, p. 450.

(2) *Traité de la proc. civ.* de Pothier, 1re partie,
chap. 3, sect. 2, § 2.

(3) Voyez *les Comment.* de M. Thomines des Mazures, t. 1, p. 365.

Art. qualité, et l'authenticité relative de leurs actes.

En 1808, on dut procéder à la vérification du testament du duc de la Vrillière, qui fut ministre d'état sous Louis XV. La Cour royale de Paris admit comme pièce de comparaison l'une des innombrables lettres de cachet par lui signées. Il était mort chargé du poids de leur authenticité (1).

Mais le Code, en parlant des pièces de comparaison qui doivent être reçues pour vérifier l'écriture d'une personne publique, s'exprime ainsi : « Les pièces *écrites* ET *signées* par elle, en sa qualité. » L'occasion était précieuse pour disserter sur *la copulative* et sur *la disjonctive ;* on ne l'a point laissée échapper, et de là ces questions : Faut-il que la pièce soit tout à la fois écrite *et* signée par le fonctionnaire? Suffirait-il qu'il l'eût écrite *ou* signée (2) ?

La copulative est souvent employée pour la disjonctive dans le langage des lois, et réciproquement (3). Et ce qui prouve que le

(1) Sirey, 1808-2-304.

(2) M. Carré, *Lois de la proc.*, t. 1, p. 518.

(3) *Sæpe ità comparatum est ut conjuncta pro disjunctis accipiantur et disjuncta pro conjunctis.* L. 53, *ff. de verborum signif.*

législateur les a confondues ici, c'est que si
l'écriture à vérifier était celle d'un juge,
comme le suppose l'article 200, les pièces de
comparaison émanées de lui, dans le sens de
cet article, ne porteraient que sa signature,
l'écriture étant le fait du greffier.

Autre question : Une signature seule peut-
elle être admise pour la comparaison de l'é-
criture d'un acte entier ? « Cette difficulté s'est
présentée devant nous, dit M. Thomines des
Mazures, qui présidait le tribunal civil de
Caen ; le défendeur s'opposa à la vérification,
comme étant impossible, et ne pouvant offrir
ni certitude ni juste présomption ; il fut jugé
que la vérification serait continuée, sauf aux
experts à s'expliquer sur la prétendue impos-
sibilité, et sauf au tribunal à apprécier le
mérite de leur rapport. Une seule signature
peut offrir des renseignements utiles, des indices qui, joints à d'autres, opéreront la conviction des magistrats (1). »

Celui à qui est attribuée la pièce à vérifier,
ne peut empêcher qu'on ne prenne, pour
terme de comparaison, les écritures et signatures privées qu'il a déjà *volontairement* re-

Art.

1040.

(1) *Commentaires*, t. 1, p. 365.

ART.

200.

connues (1). Mais il n'en va pas ainsi pour celles qu'il a déniées ou désavouées, *encore qu'elles eussent été précédemment vérifiées en justice, et déclarées être de lui* (2).

Cette disposition est empruntée de l'ordonnance de 1737 sur le faux (3). M. l'avocat général Talon avait déjà dit dans les Conférences sur le projet de l'ordonnance criminelle de 1670, *que l'on ne devait pas ajouter croyance entière à la déposition des experts écrivains ; que leur science était conjecturale et trompeuse.* C'est une vieille leçon qui se transmet ainsi d'âge en âge ; c'est le retentissement du discrédit où l'art des vérificateurs est tombé, et de la vanité de leurs formules.

Joignez-y qu'une sentence, qui aurait précédemment tenu pour reconnu l'écrit que

(1) Voyez ci-dessus, p. 461.

(2) Le texte porte : *encore qu'elles eussent été précédemment vérifiées et reconnues être de lui.*

Dans la séance du Conseil d'état du 19 floréal an XIII, le grand juge demanda si ces mots : *reconnues être de lui*, s'entendaient de la reconnaissance de la partie, ou de celle qui aurait été faite par experts ? Le rapporteur, M. Treilhard, répondit qu'ils devaient s'entendre de la reconnaissance par experts.

(3) Art. 14.

l'on présente aujourd'hui comme pièce de comparaison, ne peut avoir l'autorité de la chose jugée par rapport aux lignes ou à la signature qu'il s'agit de vérifier ; car la chose demandée n'est pas la même, et la demande n'est pas fondée sur la même cause (1).

On trouve dans les livres d'autres raisons encore : la précédente vérification a peut-être été faite par défaut et sans contradiction ; le défendeur, même en comparaissant, avait pu n'avoir pas beaucoup d'intérêt à se jeter dans une dénégation sérieuse et dans l'incertitude des opérations qu'elle entraîne, parce que l'objet du procès était d'une trop modique valeur, etc. (2). Ces aperçus peuvent être vrais, mais ce ne sont que des motifs secondaires.

L'article 199 porte que, si le défendeur ne comparaît pas au jour fixé par l'ordonnance du *juge-commissaire*, afin de convenir des pièces de comparaison, *le juge* pourra tenir pour reconnue la pièce à vérifier, et que *le*

(1) Code civil, art. 1351.

(2) M. Berriat-Saint-Prix, *Cours de procédure*, t. 1 ; pag. 303.

Art. *jugement* sera rendu à la prochaine audience, sur le rapport *du juge-commissaire.*

Il est manifeste que le mot *juge*, employé seul ici, signifie *le tribunal.* La même locution se retrouve dans beaucoup d'autres endroits. Tout le monde en convient, et il n'y a pas grand mérite à cela; le texte est trop clair.

L'article suivant suppose que les parties ne se sont point accordées sur le choix des pièces de comparaison respectivement présentées, sur la préférence que les unes ou les autres doivent obtenir; et comme il est nécessaire que ces difficultés soient aplanies, si l'on veut arriver à la vérification, la loi fait intervenir *le juge*, qui ne peut admettre pour être comparées que les pièces comprises dans les catégories qu'elle établit. Remarquez qu'elle dit le *juge*, et non pas le *juge-commissaire.*

On croirait que les auteurs qui les premiers se sont chargés d'expliquer le Code de procédure, étaient déjà bien loin de l'article 199, lorsqu'ils ont commenté l'article 200. Ils venaient de reconnaître, dans le premier, cette différence d'expression qui distingue *le juge,* c'est-à-dire le tribunal, du *juge-commissaire;* ils n'y ont plus songé pour le second; et, sans

y laisser poindre le plus léger doute, ils ont Art.
dit cette fois : *Le juge* qui reçoit ou rejette
les pièces de comparaison, n'est autre que *le
juge-commissaire* (1).

Mais à ce juge commis par un tribunal de
première instance, on ne pouvait créer une
juridiction en dernier ressort; il est donc devenu indispensable de chercher une voie de
recours, et d'aviser au moyen de faire réformer sa décision, pour le cas où il recevrait
des pièces inadmissibles. Car, ainsi que l'observait naïvement M. Demiau, *c'est une question dont la loi ne parle point.*

Les uns ont prétendu qu'il fallait se pourvoir par opposition devant le tribunal, contre
l'ordonnance de son délégué.

Les autres ont vu dans cette ordonnance
tous les caractères d'un véritable jugement,
et c'est l'appel à la Cour royale qui leur a
paru le seul recours régulièrement praticable.

Cependant tous conseillent au juge-commissaire de ne point user de la compétence
dont ils l'ont revêtu ; ils estiment que ce se-

---

(1) MM. Pigeau, *Traité de la procéd.*, t. 1, p. 308 ;
Demiau, *Éléments de droit et de pratique*, p. 161 ;
Carré, *Lois de la procéd.*, t. 1, etc.

Art. rait agir prudemment, s'il se bornait à consigner dans son procès-verbal les protestations et les débats des parties sur l'admissibilité des pièces de comparaison, pour en référer au tribunal.

Ces systèmes, que chacun apporte comme un tribut, afin de subvenir à ce qu'il appelle les besoins de la loi, ne sont pas sans danger. On creuse un vide pour le remplir ; et sur un texte souvent très-uni, très-complet, viennent s'entasser des essais de doctrine, des plans de pratique et des vues d'achèvement. Il arrive que le texte se couvre, s'obscurcit et s'oublie.

Le législateur eut une bonne raison pour ne point parler du mode de recours à exercer contre les décisions du juge-commissaire ; c'est qu'il ne lui attribua point le pouvoir de prononcer des décisions.

Un juge-commissaire ne reçoit du tribunal qui le délègue, pour une vérification, une enquête, etc., d'autre mission que celle de conduire, de diriger et de régler les préliminaires extérieurs de l'opération.

Ce qui concerne l'appréciation et la valeur des éléments qui doivent constituer une preuve légale, appartient aux débats de l'audience et au jugement du tribunal entier. Ainsi le juge

commis, pour procéder à une enquête, ne
statue point sur les reproches proposés contre
les témoins ; de même, celui qui dirige et sur-
veille une vérification d'écriture n'a pas le
pouvoir de prononcer sur l'admissibilité des
pièces de comparaison. Ces pièces sont
comme des témoins produits devant le juge
et les experts. L'analogie n'est point forcée.

Il est vrai que le juge-commissaire peut
ordonner qu'à défaut ou en cas d'insuffisance
des pièces de comparaison, il sera fait un
corps d'écriture par la partie contre laquelle
se poursuit la vérification. Mais ce n'est pas
un jugement qu'il rend ; ce n'est pas même
une opinion, un avis qu'il énonce sur un
droit, sur une qualité, sur une chose. Il ne
fait pas plus que le juge chargé d'interroger
un plaideur ; il fait moins encore, car ce sont
les experts qui dictent le corps d'écriture.
Toute la portée de son ordonnance se borne à
un mandement de comparution. Si la personne mandée ne comparaît pas, ou si elle
refuse d'écrire, ou si quelque débat s'élève à
ce sujet, il en fait mention sur son procès-
verbal, et ne porte aucune décision.

Sommes-nous donc si loin des sources de
la loi, qu'on ne puisse les visiter sans fatigue

Art, et grand labeur? Il faut y remonter encore : l'addition , le retranchement, le déplacement d'un mot.révèlent toute une pensée , éclairent tout un titre, et rallient des dispositions dont un commentaire trop hardiment improvisé a pu souvent détruire le sens et l'harmonie.

Lorsque le projet du titre de la vérification des écritures fut discuté dans le sein du Tribunat, on proposa, pour éviter toute équivoque, d'ajouter le mot *commissaire* dans tous les articles où le mot *juge*, apposé seul, devait s'entendre exclusivement du *juge-commissaire*. Ce vœu du Tribunat fut adopté par le Conseil d'état, et l'addition fut faite aux articles 201 , 206 , 207 et 209. Mais il n'y eut ni observations, ni changements pour les articles 199 et 200 ; d'où il suit que le mot *juge*, qui y est resté seul , ne doit s'entendre que du juge *in eminenti* , c'est-à-dire du tribunal entier.

Voyez l'article 236, au titre du *Faux incident*. Il porte qu'on remettra aux experts, pour leur vérification, les pièces de comparaison , lorsqu'il en aura été fourni ; le procès-verbal de leur présentation, et le JUGEMENT *par lequel elles auront été reçues*. Or, il est certain que ce *jugement* est l'œuvre du tribunal ; et l'affinité est trop grande entre la vérification d'une pièce arguée de faux, et la vérification d'une pièce déniée ou méconnue, pour que l'on puisse prêter au législateur l'idée d'avoir voulu les soumettre à des règles différentes, relativement au droit d'admettre ou de rejeter les pièces de comparaison.

Toutes ces considérations ont été parfaitement senties et résumées dans un arrêt rendu le 20 juillet 1832, par la Cour royale de Bourges (1). Voici ses motifs :

« Attendu que si, dans la supposition de dissentiment entre les parties sur l'admissibilité des pièces de comparaison, l'article 200 interdit *au juge* d'en recevoir d'autres, cette expression, *le juge*, ne peut avoir une signification différente de celle qu'il faut bien lui reconnaître dans l'article précédent, où il faut l'entendre du tribunal entier ;

» Que, dans l'un comme dans l'autre article, il s'agit d'un défaut de convention ou d'accord entre les parties, et que l'inconvénient de laisser prononcer *seul* le juge-commissaire dans le cas de l'article 200, n'étant pas moins grave que dans le cas de l'article

(1) Sirey, 1832-2-218,

Art. 199, une même sollicitude appelait de la part du législateur la même précaution ;

» Qu'ainsi l'identité de signification du mot *juge*, dans les deux dispositions, est rationnellement indiquée, et qu'une interprétation contraire se trouverait en opposition et avec le droit commun et avec la loi spéciale... (1).»

M. Berriat-St-Prix avait dit d'abord, en citant l'autorité de M. Pigeau : « *Le juge* qui doit admettre ou rejeter les pièces de comparaison, *c'est le juge-commissaire.* » Il a dit à la suite, dans sa dernière édition : « Mais la Cour de Bourges a démontré selon nous, jusqu'à l'évidence, que *c'est le tribunal*, et qu'ainsi, en cas de contestation sur l'admission des pièces, le commissaire doit lui renvoyer les parties. »

201. Les minutes des actes judiciaires et celles des actes passés devant notaires reposent dans les dépôts publics. Ces dépôts sont la propriété de la société tout entière, et les officiers publics préposés à leur conservation ne peuvent refuser d'en extraire les pièces qui doi-

(1) Les motifs suivants contiennent les observations du Tribunat, que l'on a déjà lues.

vent servir à la vérification d'une écriture,
pour les mettre sous les yeux de la justice.

Ils sont requis, en vertu d'une ordonnance
du juge-commissaire, d'apporter les actes
qu'ils détiennent, au lieu où se fera la vérification. S'ils ne viennent pas, il en est référé
au tribunal, qui les condamne par corps,
dans le cas où ils n'ont pas d'excuses valables
à présenter (1).

Mais il peut y avoir du danger à transporter
des minutes à une grande distance; et, quand
même il y aurait sûreté pour le transport, il
est possible que leur déplacement porte préjudice à l'intérêt public ou particulier (2). Le
tribunal a tout pouvoir pour apprécier la nature des circonstances; pour ordonner que
les experts, accompagnés du juge-commissaire
et du greffier, iront procéder à la vérification
dans le lieu que les dépositaires habitent, ou
pour indiquer les voies par lesquelles les
pièces seront envoyées au greffe.

(1) C'est la même procédure à suivre que celle qui
est prescrite, lorsque l'une des parties fait défaut sur
l'assignation qui lui a été donnée pour convenir des
pièces de comparaison.

(2) Comme s'il s'agissait d'opérer sur le registre cou-

ART.
Il est bien entendu que, dans tous ces cas, la partie poursuivante lève le jugement, prend une ordonnance du juge-commissaire pour son exécution, et signifie le tout, soit à l'autre partie, soit aux experts, soit au dépositaire.

Quand les juges ordonnent qu'une pièce sera envoyée à leur greffe, le dépositaire, avant de s'en dessaisir, et dans la crainte qu'elle ne s'égare ou se perde, en fait une copie, dont l'exactitude est vérifiée par le président

203.
du tribunal de son arrondissement. Cette copie tient lieu de la minute jusqu'au renvoi de celle-ci, et il peut en être délivré des grosses et des expéditions, comme si c'était de la minute elle-même.

Les dépositaires qui apportent les pièces tiennent quelquefois à ne pas les perdre de vue, et à rester présents à la vérification, pour les retirer et les représenter à chaque vacation. Cela dépend de la prudence du juge-commissaire, qui peut ordonner aussi que les pièces resteront déposées entre les mains du greffier. C'est encore le cas d'en faire faire une copie pour remplacer l'origi-

rant d'un greffier, d'un conservateur des hypothèques, etc.

nal, pendant le temps que durera la vérification.

Toutes ces précautions se comprennent aisément, et leur mise en action n'exige aucune explication particulière.

Nul ne peut refuser de rendre témoignage à la justice ; il doit de même, lorsqu'il en est requis, fournir les documents et les pièces de comparaison qui sont entre ses mains, pour aider à l'opération des experts. La loi impose cette obligation à toutes personnes, aux dépositaires publics *et autres*. Mais il y a des différences qu'il importe de remarquer.

Les dépositaires publics qui ne sont pas venus sur la première injonction pour représenter les pièces qu'ils détiennent, doivent être condamnés par corps, à moins qu'ils ne justifient de quelque empêchement de force majeure.

Les *autres sont contraints par les voies ordinaires*. Mais s'ils ne se rendaient pas à des ordres réitérés, si c'était une obstination coupable, une mauvaise foi, une connivence avec l'une des parties pour entraver la vérification, ils pourraient eux aussi être contraints par corps.

Toutefois il ne serait pas juste qu'un par-

ART. ticulier fût tenu de venir, à raison d'un procès qui lui est étranger, s'exposer, par l'exhibition d'une pièce, aux poursuites du fisc
ou à d'autres préjudices ; et son excuse, dans
ce cas, devrait être agréée. C'est ce que disait
Pothier : « Si l'acte est entre les mains d'un
tiers à qui il appartient, et que la production
de cet acte puisse lui préjudicier, on ne peut
l'obliger à le communiquer (1). »

Les juges doivent préférer parmi les pièces
apportées celles qui se rapprochent le plus,
par leur contemporanéité, de la pièce à vérifier. Le meilleur de tous les types, c'est cette
pièce elle-même, si la dénégation ou la méconnaissance affecte seulement quelques lignes ou quelques mots ; parce que le reste,
maintenu véritable, sert alors pour la comparaison.

Tout étant préparé et communiqué, les

---

(1) *Traité de la procédure*, 1re part., ch. 3, sect. 2,
art. 2. C'est aussi ce qu'avait dit la loi dernière, au
Code *de fide instrumentorum* : *Sin reapsè detrimentum
ei prolatum instrumentum adferat, nequaquam eum cogi
ad proferendum debere, cùm ei magis expediet eum oc-
cultare quàm publicare.*

parties font insérer au procès-verbal leurs dires et réquisitions, et se retirent. Les experts prêtent serment, et l'opération commence. Elle se fait tout entière au greffe, car les pièces ne peuvent en sortir, et doivent demeurer sous les yeux des experts, tant que la vérification dure. Le Tribunat estimait « qu'il serait extrêmement dangereux de dispenser le juge-commissaire d'y assister, pour s'en remettre au greffier, qui n'offre pas la même garantie à la justice, qui d'ailleurs ne pourrait pas communiquer aussi efficacement aux autres juges les observations nées de la manière d'opérer des experts (1). » Ces raisons étaient fort bonnes; mais, au Conseil d'état, on n'y eut point égard, ou peut-être on n'y songea pas. Le juge-commissaire est resté le maître d'ordonner que les experts opéreront devant lui, ou devant le greffier.

On sait que les experts font ensemble la vérification, dressent un seul rapport, et ne forment qu'un seul avis à la pluralité des voix; que, s'il y a des avis différents, le rapport en doit contenir les motifs, sans qu'il soit

Art. 207.

208.

208.

(1) *Législ.* de M. Locré, t. 21, p. 452.

Art.

210.

209.

permis de faire connaître l'opinion particulière de tel ou tel expert (1).

Ce rapport est annexé à la minute du procès-verbal du juge-commissaire. Les journées et vacations des experts sont taxées; les pièces de comparaison sont remises à ceux qui les avaient déposées, et l'opération est close.

On a dû remarquer un défaut de méthode assez frappant dans la distribution que le Code de procédure a faite des matières qui ont rapport à la vérification des écritures.

Les titres de *la vérification* et *du faux incident* ne sont, à vrai dire, qu'une application spéciale des règles concernant les enquêtes et les expertises, ils en présupposent une connaissance acquise. Cependant les *Enquêtes* et les *Rapports d'experts* ne viennent qu'après; l'opération complexe précède l'opération simple (2). C'est ce qui m'a entraîné, dans le cours de ce chapitre, à donner sur les expertises quelques notions qui me

(1) Voyez ci-dessus, pag. 496 et 497.

(2) A Genève, au contraire, on a fait précéder *la vérification* et *le faux incident* par *les enquêtes* et *les rapports d'experts*.

débordaient sur ma route, et que je ne pou-
vais refouler.

Vous savez que l'on admet à la fois, pour les vérifications, la preuve par témoins et la preuve par experts. Elles peuvent être employées isolément, et l'une à l'exclusion de l'autre : *acerrimè indagatio fieri debet argumentis, testibus, scripturarum collatione et vestigiis...* (1). Je me trouverais de même engagé dans une explication anticipée sur *les enquêtes*, si leur appropriation au titre de la vérification des écritures comportait autant de spécialités dans les formes et de modifications dans la marche de la procédure, que l'emploi des expertises. Mais la loi n'y prescrit rien de particulier, si ce n'est que la pièce déniée ou méconnue doit être représentée aux témoins et paraphée par eux, afin qu'il n'y ait aucun prétexte de dire, qu'en déclarant avoir vu écrire ou signer l'acte, ils ont peut-être entendu parler d'un acte autre que celui qui fait l'objet du procès.

Faut-il rappeler ici que les témoins qui déposent seulement de certains faits d'induction ne peuvent avoir le même poids que ceux

_____

(1) L. 22, *Cod. de falsis.* Voy. ci-dessus, p. 476 et s.

ART. qui affirment avoir vu tracer l'écrit contesté?

« La chose essentielle pour former une preuve par témoins, dit M. Levayer, est que celui qui dépose du fait en dépose comme d'une chose qu'il sait de certitude, pour l'avoir vue lui-même. Il y a un texte merveilleux de Dumoulin où il enseigne que, lors même que quatre notaires auraient collationné une copie sur l'original, en ajoutant qu'ils savent que c'est le vrai original, toutefois leur copie ne ferait pas pleine foi sans la représentation de l'original; car des témoins ou notaires ne peuvent déposer que de ce qu'ils voient, et parce qu'ils n'ont pas vu faire l'original, ils n'en peuvent avoir une certitude qui vienne de leurs propres sens. Celui qui croit ne donne qu'une simple opinion, et ce n'est point un témoignage (1). »

Si l'on prenait pour une preuve certaine l'opinion d'un témoin qui déclare reconnaître une écriture, quoiqu'il ne l'ait pas vu tracer, on ferait de ce témoin un expert. Cependant la vérification par experts se distingue de la vérification par témoins. Les experts ne doi-

_____

(1) *Traité de la preuve par comparaison d'écriture*, pag. 644.

vent juger que sur des pièces de comparaison Arт.
mises sous leurs yeux, convenues entre les
parties, ou admises par la loi ; et comment
laisserait-on au témoin qui donne son opinion
sur la vérité ou la fausseté de l'écriture, une
latitude indéfinie, et le privilége de prendre
des éléments de comparaison dans le vague de
ses souvenirs ?

Les inductions que les témoins peuvent
fournir ne sont que des *adminicules* qui ne
forment point une preuve, à moins que les
faits qu'ils rapportent ne supposent nécessairement, et par exclusion de toute possibilité
contraire, l'existence de l'acte qu'il s'agit de
vérifier.

Nos trois genres de preuves, pour la vérification des écritures, ont été réduits en formules pour le perfectionnement de cette
branche de la logique judiciaire :

1° *Authenticité* inférée *ex concordantiâ* :
c'est la vérification par titres, lorsque l'écrit
contesté se trouve mentionné dans un titre
authentique ;

2° *Ressemblance de la main* inférée *ex
scripto nunc viso et comparato* : c'est la preuve
par comparaison d'écritures ;

Aʀᴛ. 3° *Ressemblance de la main* inférée *ex scriptis priùs cognitis* : c'est la déposition d'un témoin qui, ayant l'habitude de voir en nombre indéterminé des écrits de la même personne, est convaincu que celui qu'on produit leur ressemble;

4° *Ressemblance de la main* inférée *ex scriptione olìm visâ* : c'est un témoin qui a vu dans une ou plusieurs occasions la personne à qui l'écrit est attribué, dans l'acte même d'écrire, et qui trouve une grande conformité entre cet écrit et ceux qu'il a vus sortir de sa plume;

5° *Signes ou indices de forgerie d'actes ou de falsification* inférés *ex tenore.*

Exemples : mention de faits postérieurs;

Emploi de mots qui n'ont été usités que longtemps après la date de l'écrit;

Assertion de faits faux, et connus pour tels par celui qui a fait l'acte;

Discordance du contrat avec des contrats antécédents;

Silence ou secret par rapport à l'écrit en question, dans une conjoncture où l'on aurait dû en donner connaissance;

Diversité de caractères en ce qui concerne le savoir, l'intelligence ou la moralité;

Opposition des affections, des goûts, des Art.
opinions;

Omission des faits que l'auteur de l'écrit
aurait dû mentionner.

Viennent ensuite *les indices matériels* tirés
du papier, de l'encre ou du sceau.

Du papier : par l'époque de l'établissement
de la fabrique et par les marques plus ou
moins récentes qu'elle imprime à ses feuilles;
ou par le timbre, comme si une espèce de
papier timbré, qui n'a été en usage que depuis l'an 1800, a été employée pour un contrat portant la date de 1799.

De l'encre : cet indice ne prend quelque
force que dans les cas où la différence d'encre
présente des taches, des mots çà et là diversement colorés, ou des traces d'une oblitéra-
tion chimique.

A ces découpures analytiques, à ce latin
technical qui se mêle souvent dans l'idiome
judiciaire des Anglais, à ce néologisme,
vous reconnaîtrez sans peine la manière de
Jérémie Bentham; peut-être y trouverez-vous
plus d'originalité que d'exactitude et de vérité.

S'il est vérifié que la pièce fut écrite ou

signée par celui *qui l'a déniée*, il sera condamné à cent cinquante francs d'amende envers le fisc, outre les dépens, dommages et
intérêts de l'autre partie ; il pourra même
être condamné par corps au paiement du
principal, c'est-à-dire de la somme qui faisait l'objet du procès. C'est la juste peine de
la plus insigne mauvaise foi et du plus
odieux mensonge.

L'héritier qui ne fait que méconnaître l'é-
criture de son auteur n'encourt point cette
peine. On peut suspecter, mais non punir sa
déclaration ; il faudrait pour cela qu'il fût
permis d'ouvrir les registres de sa conscience.

Un particulier fut assigné au tribunal de
commerce de Foix pour le paiement de
quatre lettres de change, montant ensemble
à 28,000 francs. Il dénia formellement les
écritures et les signatures qui lui étaient attri-
buées. Le tribunal de commerce ordonna
qu'il serait sursis au jugement de la demande
principale, et renvoya la cause et les parties
427. devant le tribunal civil, pour y être procédé
conformément à la loi.

Au moment où la vérification allait être ordonnée, le défendeur déclara, par acte extra-
judiciaire, qu'il n'avait dénié que pour ga-

gner du temps , et fit offrir en même temps à deniers découverts les 28,000 fr. avec les intérêts et les frais. Il n'en fut pas moins condamné à 150 fr. d'amende.

Il y eut appel devant la Cour royale de Toulouse , et le jugement fut réformé , « attendu qu'il résultait des circonstances de la cause que, dans l'intention de l'appelant, la vérification ne devait point avoir lieu , et que la dénégation n'avait été qu'un moyen employé par lui pour retarder le paiement de sommes qu'il n'avait pas au moment où elles lui avaient été demandées en justice. »

Le procureur général se pourvut en cassation dans l'intérêt de la loi , et l'arrêt fut cassé.

L'amende est encourue au moment même où se fait la dénégation ; il suffit, pour qu'elle doive être prononcée, qu'il soit ultérieurement prouvé que la signature est l'œuvre de celui qui l'a déniée. Il importe peu que la preuve ait été faite par une vérification d'experts , par la déposition des témoins , ou par l'aveu de la partie.

FIN DU TOME TROISIÈME.

TABLE SOMMAIRE

DES CHAPITRES

CONTENUS

DANS LE TROISIÈME VOLUME.

—

CHAPITRE IX.

DES JUGEMENTS PAR DÉFAUT ET OPPOSITIONS.

Deux sortes de défaut peuvent être prononcés contre le défendeur ; le défaut *faute de comparaître*, et le défaut *faute de défendre* ou *de con-*

CHAPITRE X.

DES EXCEPTIONS.

CHAPITRE XI.

DE LA CAUTION A FOURNIR PAR LES ÉTRANGERS.

CHAPITRE XII.

DES EXCEPTIONS DÉCLINATOIRES.

CHAPITRE XIII.

DE L'EXCEPTION DE NULLITÉ.

CHAPITRE XIV.

DES EXCEPTIONS DILATOIRES.

CHAPITRE XV.

DE LA VÉRIFICATION DES ÉCRITURES.

FIN DE LA TABLE.

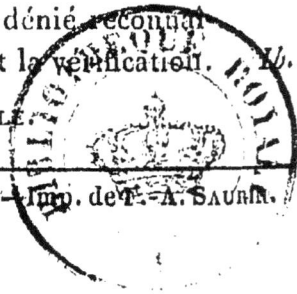

Poitiers.—Imp. de F.-A. SAURIN.

FAUTES A CORRIGER.

Page 2 , ligne 13, au lieu de *suspicere*, lisez *suscipere*.

Idem, note 3 , au lieu de *circà* , lisez : *circa*.

Pag. 16 , lig. 7 , au lieu de *velabsens* , lisez : *vel absens*.

Pag. 19 , note. 2, lig. 4 , au lieu de *lite* , lisez : *litis*.

Pag. 85 , lig. 14 , au lieu de *jugemen tassez* , lisez : *juge-ment assez*.

Pag. 138 , note 1re , lig. 4 , lisez : *qu'elle est destinee à pro-duire*.

Pag. 191 , lig. 13, au lieu de *fidejus sor* , lisez : *fidejussor*.

Pag. 267 , lig. 3 , au lieu de *circum scribunt* , lisez : *cir-cumscribunt*.

Pag. 269, lig. 10, au lieu de *potebat*, lisez : *poterat*.

Pag. 314 , lig. 18 , au lieu de *exception* , lisez : *exceptions*.

Pag. 402 , note 2, lig. 2 , au lieu de *triennale* , lisez : *tri-cennale*.

Pag. 415 , note 3 , au lieu de *rurale*, lisez : *rural*.

Pag. 480 , note 1re , lig. 3 , au lieu de *exerescente* , lisez : *excrescente*.

Pag. 481 , *id.* , lig. 6 , au lieu de *fecimus* , lisez : *fuimus*.

Id. , *id.* , lig. 7 , au lieu de *oblatonamque*, lisez : *oblato namque.*

Id. , *id.* , *id.* , au lieu de *commentationis* , lisez : *commu-tationis*.

Id. , *id.* , lig. 16 , au lieu de *litteramus* , lisez : *litterarum*.

Id. , *id.* , lig. 17 , au lieu de *qui* , lisez : *quis*.

Id. , *id.* , lig. 18 , au lieu de *tremans* , lisez : *tremens*.

Pag. 495 , lig. 1re , au lieu de *rifacciamento* , lisez : *rifa-cimento.*